Gestion des ressources minières en Guinée

Concilier souveraineté législative et réglementaire avec l'exigences de sécurité juridique des accords miniers

Issiaka KONATÉ

Gestion des ressources minières en Guinée

Concilier souveraineté législative et réglementaire avec l'exigences de sécurité juridique des accords miniers

Préface de Karifa CONDÉ

L'Harmattan
Guinée

http://www.editions-harmattan.fr

ISBN : 978-2-336-58082-1
EAN : 9782336580821

Remerciements

Je tiens à remercier tout particulièrement Ibrahima DIALLO, docteur en droit, enseignant-chercheur et consultant au Centre Guinéen du Droit de l'Environnement, des Mines et de l'Energie, Aboubacar FALL, docteur en droit, avocat au Barreau du Sénégal, ancien Conseiller Juridique Principal du Groupe de de la Banque Africaine de Développement, Oumar Totiya BARRY, docteur en droit, chercheur en géopolitique des ressources minières et Directeur Exécutif de l'Observatoire Guinéen des Mines et Métaux, qui ont bien voulu m'apporter leur concours dans la collecte et l'analyse des textes et informations nécessaires à la réalisation de cet ouvrage, Ousmane BARRY, juriste d'entreprise, pour ses orientations pédagogiques et conseils.

Leur disponibilité, la richesse de leurs échanges et la pertinence de leurs orientations ont constitué un appui scientifique et intellectuel précieux.

Enfin, qu'il me soit permis d'exprimer ma reconnaissance à ma famille, mes proches, dont le soutien discret mais indéfectible a constitué un appui moral essentiel durant les phases les plus exigeantes de cette réflexion.

Préface

À chaque fois qu'il s'est agi d'investir dans un environnement étranger, l'investisseur s'est toujours demandé : comment agir sans prendre trop de risque notamment dans le changement législatif et réglementaire qui est aujourd'hui très fréquent surtout au moment où le monde des affaires est qualifié de VUCA (Volatility ; Uncertanty ; Complexity and Ambigious). Le Droit extractif s'inscrit dans cette logique, c'est-à-dire, à l'intersection stratégique du Droit privé, de l'Economie politique et du Droit public.

En Guinée, en raison de l'exceptionnelle richesse et de la diversité de son potentiel minier, l'investissement dans ce secteur concentre un débat récurrent entre la protection et la rationalité économique recherchées par les investisseurs, et d'une part, la volonté de développement, mais aussi la préservation de la souveraineté législative et réglementaire du souverain dans la gestion responsable des ressources naturelles.

L'analyse révèle la complexité de la gouvernance du secteur extractif et illustre comment le Droit constitue un véritable levier de négociation et de régulation, en articulant les objectifs de développement, les impératifs de souveraineté et la protection des investissements étrangers.

L'examen des instruments juridiques met en évidence pour garantir l'équilibre et la stabilité des projets, tout en maintenant la marge d'action de l'État. Ainsi, grâce au Droit, les parties se voient assurés dans la prise en compte de leurs soucis respectifs.

Parmi ces instruments, figurent en bonne place « *Les clauses de stabilisation* ».

Ces clauses qui incitent et garantissent des investissements, neutralisent temporairement les effets du pouvoir normatif de l'État, préservent l'équilibre contractuel et instaurent la confiance indispensable à la viabilité économique des investissements. Loin d'immobiliser la norme, ces mécanismes se présentent comme de véritable instrument d'ingénierie juridique, alliant à la fois, prévoyance stratégique, facilitation des investissement et souplesse contractuelle.

Cette réflexion s'inscrit dans le cadre du Droit international économique et du Droit public des ressources naturelles, où la souveraineté permanente, notamment consacrée par les instruments onusiens, reprise par les normes africaines et communautaires et affirmée par de nombreuses législations contemporaines, s'entend comme une compétence finalisée et responsable, intégrant les objectifs du développement durable, de transparence et d'équité contractuelle.

La sécurité juridique des investisseurs se présente ainsi comme une exigence fonctionnelle, garantissant la rationalité économique tout en préservant la dynamique normative de l'État.

En conciliant stabilité contractuelle et l'exercice du pouvoir législatif et réglementaire, l'ouvrage appréhende le cadre juridique et contractuel guinéen comme un instrument évolutif, au sein duquel l'État contracte, régule, arbitre, oriente et rassure. Les principaux axes de réforme concernent : la limitation temporelle des clauses de stabilisation ; l'exclusion des obligations environnementales et sociales du champ de la stabilisation ; l'instauration de clauses fiscales équitables ; la définition précise des clauses d'imprévision ; et l'harmonisation du cadre guinéen avec les standards internationaux de gouvernance dans le secteur extractif, entres autres.

Au-delà de la démonstration conceptuelle et pratique, l'auteur propose dans l'ouvrage, une vision intégrée où stabilité et souveraineté cessent de s'opposer pour s'unir dans une dynamique de cohérence normative et d'équilibre contractuelle, conditions essentielles à la négociation, à la sécurisation et à la réussite des projets extractifs.

Il offre ainsi un éclairage précieux sur les interactions complexes entre Droit minier, Droit des investissements internationaux et Droit public fondamental. Au-delà d'un simple livre, cette œuvre est une véritable analyse empirique du secteur minier guinéen.

Vous allez vous régaler.

Karifa CONDÉ,
Directeur Général CBG
Président CA, Chambre des Mines de Guinée

Sommaire

Liste des abréviations

AFD	Agence française de développement
BESC/ICTN	Bordereau électronique de suivi des cargaisons, or ''Import Cargo Tracking Note''
CEDEAO	Communauté économique des États de l'Afrique de l'Ouest
CESR	Center for Economic and Social Rights ou Centre pour les Droits Economiques et Sociaux
CIRDI	Centre international pour le règlement des différends relatif aux investissements
CADHP	Charte africaine des droits de l'homme et des peuples
CNT	Conseil national de transition
CNDD	Conseil national de démocratie et de développement
CBG S. A	Compagnie des bauxites de Guinée S. A
CM	Code minier
CMS	*Transport adora de Gas del Norte*
CGI (ou IGG)	Chambre de commerce international
CIRDI	Centre international pour le règlement des différends relatifs aux investissements
CIJ	Cour internationale de justice
CNUCED	Conférence des nations unies sur le commerce et le développement
CGC	Conseil guinéen des chargeurs
DGID	Direction générale des impôts et domaincs

DIR	Directive
EGA	Groupe Emirates Global Aluminium
ESG	‘’Environnement, Social, Gouvernance or Environnement’’, Social et Gouvernance
FMI	Fond monétaire international
GAC S. A	Guinea alumina corporation S. A
GNF	Guinée franc
IDMR	Initiative pour un développement minier responsable
ITIE	Initiative pour la transparence dans les industries extractives
IS	Impôts sur salaire
MMG	Ministère des mines et de la géologie
NOEI	Nouvel ordre économique international
OBK	Office des bauxites de Kindia
OI	Organisation internationale
ONU	Organisation des nations unies
OMC	Organisation mondiale du commerce
OCDE	Organisation de coopération et de développement économique
OPEP	Organisation des pays exportateurs de pétrole
PAGSEM	Programme d’appui à la gouvernance du secteur minier
PIB	Produit intérieur brut
PUF	Presses universitaires de France
PSPRN	Principe de la souveraineté permanente de l’État sur ses ressources naturelles
PNDES	Plan national de développement économique et social
PIDCP	Pacte international relatif aux droits civils et politiques
PIDESC	Pacte International relatif aux droits économiques, sociaux et culturels

PDRMC	Politique de développement des ressources minérales de la CEDEAO
PRG	Présidence de la République de Guinée
RDC	République Démocratique du Congo
RDAI	Revue du droit des affaires internationales
RBDI	Revue belge de droit international
Rev. Crit. DIP	Revue critique de droit international privé
RGDIP	Revue générale de droit international public
SAU	Société anonyme unipersonnelle
SAG	Anglo Gold Ashanti Limited
SERAC	Social and economic rights action center
SFI	Société financière internationale
SSPT	Société sénégalaise des phosphates de Thiès
SMD	Société minière de Dinguiraye
SGG	Secrétariat général du gouvernement
TBI	Traité bilatéral d'investissement
TVA	Taxe sur la valeur ajoutée
TGN	Transportadora de Gas del Norte S. A
UEMOA	Union économique et monétaire ouest africaine
UNITAR	Institut des nations unies pour la formation et la recherche
ZEE	Zone économique exclusive
JDA	Journal du droit international

Contexte général

1. La République de Guinée, dotée d'un sol et d'un sous-sol exceptionnellement riches en ressources naturelles, notamment en bauxite, or, fer, diamants, entre autres, s'est affirmée, au cours des dernières décennies, comme l'un des principaux acteurs mondiaux dans la production et l'exportation de bauxite brute[1]. Cette position confère au secteur minier guinéen une portée stratégique, déterminante dans la structuration et la dynamique de l'économie nationale.

2. Le rapport de l'initiative pour la transparence dans les industries extractives, publiée en 2022[2], indique que le secteur extractif guinéen concentre 92,32 % de la valeur totale des exportations nationales, assure 17,10 % des recettes de l'État et contribue à hauteur de 20,01 % au Produit intérieur brut (PIB)[3]. Bien que sa part dans l'emploi demeure relativement modeste (6,56 %)[4], son apport au développement des infrastructures et à la dynamisation des

---

1. En 2024, les exportations de bauxite de la Guinée ont franchi le seuil des 140 millions de tonnes, ce qui place le pays, comme premier producteur mondial, devant l'Australie, dont la production annuelle s'élevait à 98 millions de tonnes en 2023 (*Ecofinance Guinée, article de presse consulté le 30 janvier 2025*).
2. Voir en ce sens, le Rapport ITIE-Guinée 2022, p. 11. La Norme ITIE constitue la référence internationale en matière de transparence et de redevabilité dans les secteurs pétrolier, gazier et minier. La Guinée a adhéré à cette initiative en avril 2005, date à laquelle le gouvernement s'est engagé à sa mise en œuvre. Le Groupe multipartite national a été institué en juin 2006. Le pays a ensuite été admis au statut de candidat à l'ITIE en septembre 2007, avant d'être reconnu conforme aux Règles de l'ITIE en 2014.
3. *Ibid.*
4. *Ibid.*

économies locales en fait un instrument essentiel des politiques publiques de croissance et de développement durable.

3. Dans ce contexte, le rôle structurant des investissements étrangers revêt une importance particulière, tant pour la consolidation de la filière minière que pour l'intégration de la Guinée dans les chaînes de valeur mondiales.

4. À l'instar de toute activité extractive, les opérations minières se caractérisent par de lourds investissements à risque en phase d'exploration puisque la rentabilité à terme n'est nullement garantie[5]. Ces investissements représentent des apports essentiels, tant en ressources financières, qu'en technologies avancées, et en savoir-faire technique. Ils permettent de valoriser pleinement le potentiel du sol et du sous-sol guinéen, tout en soutenant les efforts de diversification et de modernisation de l'économie nationale.

5. Dépourvu de structures institutionnelles adéquates et de ressources techniques et financières suffisantes pour réaliser lui-même la valorisation de ses ressources naturelles, l'État est tenu de créer un environnement attractif pour les investisseurs en les garantissant une maitrise de leurs coûts et une prévisibilité financière sur la durée de vie de leurs projets. Les régimes fiscaux et douaniers constituent à ce titre, des paramètres déterminantes dans l'appréciation de l'attractivité d'un projet par les investisseurs.

6. Or, les investissements miniers, en raison de leur caractère hautement capitalistique, irréversible et à très long

5. Voir l'article de presse de Sébastien GUICHARD, Samuel JOSSO, sur « la clause de stabilité dans le secteur minier : enjeux et perspectives », publié dans Mining and Business n°1, juillet – août 2015.

terme, sont particulièrement vulnérables à l'instabilité normative des États hôtes. Cette spécificité structurelle accentue les risques juridiques pesant sur la sécurité des projets extractifs.

7. Alors qu'il est admis constamment que l'État hôte, dans l'exercice normal de sa souveraineté, conserve la faculté d'adopter, de modifier ou d'abroger unilatéralement les normes applicables sur son territoire. Cette faculté régalienne reconnu à l'État, d'édicter, à tout moment, selon ses orientations, les règles de de gouvernance de ses ressources minières, notamment en matière fiscale, douanière, environnementale ou sociale, est susceptible de remettre en cause l'équilibre initial des investissements miniers conclus avec les titulaires de titre minier.

8. Dès lors, le recours à des mécanismes contractuels tels que les théories particulières de l'internationalisation, la loi applicable, l'insertion des clauses de stabilisation, l'accès à l'arbitrage international et les traités d'investissement avec l'arbitrage direct investisseur-État, sont autant de mécanisme pour atténuer le risque politique découlant de l'exercice des prérogatives souveraines de l'État hôte[6].

9. Parmi ces mécanismes juridiques de sécurisation de l'investissement minier, les clauses stabilisation se sont progressivement imposées dans le secteur extractif, comme une pratique constante face aux aléas liés à l'exercice du pouvoir normatif de l'État.

10. Ce mécanisme d'immunisation des investissements tend à sécuriser les engagements contractuels sur la durée, en neutralisant, atténuant ou encadrant les effets juridiques

---

6. Ebtissam El Kailani-Chariat. *La stabilisation des contrats pétroliers*. Droit. Université Panthéon - Sorbonne - Paris I, 2017. Français. NNT : 2017PA01D058. Tel-01977882 ; p. 242.

pouvant résulter de modifications unilatérales de la législation nationale intervenues après la conclusion du contrat, notamment lorsqu'elles se révèlent défavorables à l'investisseur.

11. Les clauses de stabilisation constituent, à ce titre, des instruments juridiques d'équilibre visant à concilier, d'une part, l'exigence légitime des investisseurs en matière de , stabilité des règles applicables et, d'autre part, l'exercice souverain du pouvoir législatif et réglementaire de l'État hôte. Elle opère ainsi une forme de contractualisation anticipée du risque législatif et réglementaire, dans un contexte où les investissements concernent souvent des infrastructures lourdes, non délocalisables et amortissables sur plusieurs décennies.

12. La clause de stabilisation peut ainsi être définie comme : « *Toute disposition d'un contrat signé entre un État et une société nationale, d'une part, et une personne ne possédant pas la nationalité de cet État, d'autre part, par laquelle le partenaire étatique s'engage à l'égard de son contractant étranger à ne pas modifier unilatéralement le contrat lui-même ou certaines règles qui lui sont applicables*[7]».

13. Il convient de souligner qu'il existe deux formes principales de risques juridiques similaires, mais distinctes découlant des actes pris par le souverain : d'une part, l'aléa législatif, qui désigne les modifications imprévues du droit objectif adoptées par le pouvoir législatif ou le pouvoir réglementaire ; d'autre part, l'aléa de puissance publique, lequel résulte d'actes unilatéraux pris par l'administration publique ou l'exécutif, susceptibles d'affecter ou bouleverser l'exécution contractuelle.

---

7. DAVID (N), « Les clauses de stabilité dans les contrats pétroliers. Questions d'un praticien », *JDI*, n°1, 1986, p. 80.

14. L'objectif poursuivi par la clause de stabilisation est le gel de la réglementation interne de l'État hôte applicable telle qu'elle existait au moment de la conclusion du contrat. Alors que la clause d'intangibilité, interdit à l'État hôte de modifier ou de résilier unilatéralement le contrat, mettant ainsi l'investisseur l'abri de l'exercice unilatéral du pouvoir exorbitant de l'Etat[8].

15. Prosper WEIL a tenté de tracer une frontière entre ces deux clauses, en soulignant que la clause d'intangibilité constitue une protection contre l'aléa administratif, essentiellement, l'expropriation fondée sur les prérogatives de puissance publique émanant du droit national. Ainsi, les clauses d'intangibilité se destinent à prévenir toute modification du contrat par l'État hôte. Elles associent très souvent un double engagement de l'État hôte : « *celui de ne pas modifier unilatéralement le contrat d'exploitation et celui de renoncer à utiliser son droit de nationaliser*[9] ».

16. Les clauses de stabilisation au *stricto sensu,* vise à prémunir contre l'aléa législatif, lequel englobe à la fois les changements constitutionnels, réglementaires et législatifs, notamment ceux prenant la forme de programmes de nationalisation[10]. C'est à juste titre que Prosper Weil soulignait que : « *C'est dans l'espoir de réduire cet aléa de souveraineté qu'ils redoutent tant que les investisseurs demandent de plus en plus fréquemment l'insertion dans*

---

8. AL FARUQUE (A), « The Rationale and Instrumentalities for Stability in Long-term State Contracts, the Context for Petroleum Contracts », *the journal of world investment & trade*, 2006, p. 319.

9. Voir Jeantet et AARPI (avec les contributions du Dr Victoria Nalule), *Manuel sur le droit minier – Niveau 2, African Legal Support Facility*, novembre 2020, p. 85.

10. Prosper Weil, « Les clauses de stabilisation ou d'intangibilité insérées dans les accords de développement économique », *in Mélanges offerts à Charles Rousseau,* Paris, Pedone, 1974, p. 326.

leur contrat de clauses de protection par lesquelles l'État hôte s'engage expressément à ne pas exercer les compétences législatives ou contractuelles inhérentes à sa souveraineté. Ils espèrent ainsi s'assurer cette stabilité de l'environnement juridique et cette intangibilité de leurs droits contractuels qui leur importent plus que tout[11]».

17. Les clauses de stabilisation, au sens strict, cristallisent la loi applicable à la date de signature ou d'entrée en vigueur du contrat, neutralisant ainsi le pouvoir normatif de l'État afin de maintenir cadre législatif figé et favorable à l'investisseur.

18. Ces clauses de stabilisation peuvent revêtir une portée variable selon leur formulation contractuelle. Elle peut être de nature générale, en assurant une stabilité globale du cadre juridique et administratif applicable au projet minier pendant toute la durée de la convention.

19. À l'inverse, elles peuvent être sectorielle ou spécifique, en se limitant à certaines branches du droit particulièrement sensibles pour l'investisseur, telles que la fiscalité, les régimes douaniers, les dispositions relatives aux changes ou aux transferts de fonds. Cette variabilité reflète la volonté des parties de calibrer la portée de la stabilisation au regard des risques jugés les plus critiques.

20. Dans le secteur extractif, cette stipulation doit, cependant s'analyser à la lumière d'un cadre juridique particulier, marqué par le statut public des ressources naturelles. En effet, les substances minérales constituent, en droit guinéen comme en droit international, un patrimoine national inaliénable sur lequel l'État exerce des droits souverains exclusifs.

---

11. Prosper Weil, Écrits de droit international, Théorie générale du droit international, Droit des espaces, Droit des investissements privés internationaux, *P.U.F*, 2000, p. 327.

21. Reconnu par la Résolution 1803 (XVII) de l'Assemblée générale des Nations Unies du 24 décembre 1962[12], le principe de la souveraineté permanente sur les ressources naturelles est intégré dans de nombreux ordres juridiques internes, consolidant ainsi le caractère public des ressources naturelles, lesquelles appartiennent au peuple, dépositaire de la souveraineté. Placées sous l'autorité exclusive de l'État, qui en assure la gestion conformément à l'intérêt général et aux objectifs de développement durable, ce principe confère à l'État la légitimité incontestée pour édicter les règles d'exploitation, de gestion et de répartition des bénéfices tirés des ressources minières disponibles sur son sol et sous-sol.

22. Toutefois, lorsqu'il confère à des investisseurs privés des droits d'exploitation par le biais de convention minière, l'État s'inscrit dans une relation contractuelle de long terme, au sein de laquelle, la garantie de la stabilité juridique constitue un élément fondamental de la sécurité de l'investissement.

23. La justification de la clause de stabilisation réside précisément dans la nécessité de concilier l'exercice légitime du pouvoir normatif de l'État avec l'impératif de prévisibilité du cadre juridique applicable aux projets miniers.

24. Dans une approche plus fonctionnelle, la souveraineté peut être perçue, comme le souligne ZHEKEYEVA Aiman dans sa thèse intitulée : La souveraineté et la réalisation de la responsabilité

---

12. Voir la résolution 1803 (XVII) de l'Assemblée générale des Nations Unies, adoptée le 14 décembre 1962. Cette résolution établit le principe de la souveraineté permanente des États sur leurs ressources naturelles. Cette résolution souligne que les États ont le droit de réglementer l'exploitation de leurs ressources naturelles dans l'intérêt de leur développement national et du bien-être de leur population.

internationale des États en droit international public, comme : *« [...] la prééminence de l'État dans la limite de ses frontières territoriales et l'indépendance sur la scène internationale*[13]». Selon la Résolution 1803 des nations unies, l'État dispose des : « *pouvoirs souverains, permanents, constants, exécutifs et inaliénables*[14]» sur ces ressources naturelles et les activités qui s'y exercent.

25. Il convient dès lors, de rappeler que l'État détient le monopole exclusif de la régulation, de l'autorisation et du contrôle des activités de prospection, d'exploration et d'exploitation des ressources minières, notamment dans le cadre de ses relations avec les investisseurs étrangers.

26. Ce monopole normatif fonde la légitimité de l'État à définir, à tout moment, des politiques publiques destinées à assurer que l'exploitation de ces ressources naturelles s'inscrive dans une logique de développement économique et social durable au bénéfice de la nation.

27. Au regard de la pratique des affaires, il est évident que l'insertion de la clause de stabilisation dans les contrats d'investissement miniers soulève encore l'épineuse problématique de l'exercice des prérogatives souveraine de l'État sur ses ressources naturelles qui découlent du principe de la souveraineté permanente de l'État sur ses ressources naturelles. Il s'agit d'une méfiance permanente dictée par la nature des intérêts poursuivis et dont les

---

13. ZHEKEYEVA Aiman, La souveraineté et la réalisation de la responsabilité internationale des États en droit international public, thèse de doctorat, droit, Université Paris 12, février 2009, p. 33.
14. Voir résolution 1803 (XVII), *op. cit.*

divergences qui en découlent conduisent parfois à des prises de positions diamétralement opposées[15].

28. L'articulation entre, d'une part, la capacité de réforme de l'État sur ses ressources minières et, d'autre part, le recours à la clause de stabilisation dans les contrats d'investissement minier, soulève une problématique juridique centrale.

29. En effet, si la clause de stabilisation vise à prémunir l'investisseur contre les modifications unilatérales du cadre normatif applicable à son projet, elle implique, dans sa mise en œuvre, une forme d'autolimitation de l'exercice des prérogatives souveraines de l'État.

30. Faut-il dès lors aller jusqu'à lier les mains de l'État souverain au point de restreindre sa capacité à adapter librement son droit en fonction de ses priorités économiques, sociales, fiscales ou environnementales ? Le cœur du débat réside précisément dans la recherche d'un équilibre fonctionnel entre deux impératifs également légitimes : assurer la sécurité juridique des investissements à long terme, d'une part, et préserver la pleine effectivité des attributs de souveraineté étatique, d'autre part.

31. Le véritable enjeu consiste donc à concevoir un mécanisme de stabilisation suffisamment souple pour garantir aux investisseurs une visibilité et une prévisibilité juridique, sans pour autant neutraliser l'évolution normative indispensable à la réalisation de l'intérêt général.

32. Il en résulte de cet enjeu éminemment stratégique, une problématique fondamentale, qui relance le débat doctrinal et pratique sur le choix du mécanisme contractuel approprié pour concilier deux exigences souvent perçues

---

15. Voir Prof. Christian Jr Kabange NKONGOLO in « la clause de stabilisation dans le code minier révisé : portée d'une délimitation pro rata temporis sous les articles 276 et 342 », *LegalRDC, janvier 11, 2021,* p. 1.

comme antagonistes : d'une part, la stabilité contractuelle que recherche légitimement l'investisseur afin de sécuriser ses engagements financiers et opérationnels, et, d'autre part, le droit souverain de l'État guinéen de réviser ou de modifier sa législation à tout moment, en fonction de ses orientations stratégiques, afin de poursuivre les impératifs de l'intérêt général.

33. Cette tension révèle la nécessité d'élaborer des instruments juridiques plus intelligentes, aptes à préserver l'équilibre économique des contrats miniers, tout en respectant tout en laissant la faculté à l'Etat de modifier son droit interne. C'est en ce sens que notre travail interroge la portée et aux limites des clauses de stabilisation, y compris les mécanismes d'ajustement contractuel, dans le contexte.

34. Il s'agit, dans ce travail, les tensions entre la sécurité juridique de l'investisseur et la flexibilité normative de l'État, et d'évaluer leur impact sur l'attractivité du cadre juridique guinéen et la capacité de l'État à défendre l'intérêt général.

35. Le présent ouvrage se propose d'examiner de manière approfondie les mécanismes de stabilisation juridique propres à concilier, dans le contexte spécifique de la Guinée, la protection des investissements miniers avec l'exercice du pouvoir souverain de l'État, en particulier dans le cadre de réformes législatives et réglementaires orientées par ses priorités économiques, sociales et environnementales.

36. Plus particulièrement, l'étude s'attache à analyser les instruments juridiques permettant à l'État de concilier la préservation de l'intérêt général avec le respect des engagements contractuels souscrits envers les investisseurs, dans un contexte international caractérisé par la judiciarisation croissante des différends économiques et l'affirmation progressive du contentieux arbitral.

PREMIÈRE PARTIE :

LA STABILISATION CONTRACTUELLE COMME MÉCANISME DE SÉCURISATION DES INVESTISSEMENTS MINIERS EN GUINÉE

37. Les contrats d'investissements étrangers, surtout lorsqu'ils touchent à l'exploitation des ressources minières, sont très vulnérables[1]. Ceci s'explique généralement par le fait qu'ils sont appelés à s'exécuter sur une période contractuelle pouvant excéder vingt-cinq (25) ans, un niveau élevé de capitalisation et de nombreux risques, notamment juridiques, financiers, environnementaux et sociaux[2], et par conséquent, ils sont susceptibles de subir une influence provenant des facteurs politiques ou économiques qui n'existaient pas au moment de la conclusion du contrat.

38. Dans de nombreux pays en développement, comme la Guinée qui accueillent des investissements miniers importants, ces investisseurs sont souvent confrontés à une instabilité politique et institutionnelle persistante. Cette

---

1. Kabange N.C-J « La révision par l'État des contrats signés avec les personnes privées : Cas des contrats miniers en République démocratique du Congo », *Revue du cridahc*, 2010, p. 2.

2. Voir Maitre FALL Aboubacar : « le sort de la clause de stabilisation dans les contrats d'investissement miniers au Sénégal », *UIA - Juriste International*, 2021-3.

instabilité est perçue comme une source d'incertitudes et de risques pouvant compromettre la rentabilité ou la pérennité de leurs projets[3]. Les clauses de stabilisation se révèlent être le contre-pied à cet aléa qui, au sens strict du terme, s'entend d'une clause dont l'objet est de geler la législation nationale du pays hôte dans l'État où elle se trouve au moment de la conclusion du contrat[4].

39. Pour reprendre la définition classique proposée par Prosper Weill, la clause de stabilisation est celle qui « *vise à geler la législation nationale du pays hôte dans l'état où elle se trouve à la date de la conclusion du contrat et, partant, de limiter l'exercice par l'État de sa compétence législative*[5]». Autrement dit, elle a pour but de mettre le contrat et le projet qui en découle à l'abri de tout acte hostile ultérieur du gouvernement, législatif et réglementaire qui pourrait avoir une incidence économique défavorable sur le régime contractuel déjà négocié.

40. Étudier la nature et le contenu des clauses de stabilisation revient à préciser et à déterminer le régime juridique qui leur est applicable dans le contexte guinéen.

---

3. Voir Extrait de mémoire : Éric OUEDRAOGO, Droits et obligations de l'exploitant industriel des mines burkinabè : la recherche d'un équilibre, Univ. -Ouaga II/UFR-SJP, mémoire de Master II Recherche Droit privé Fondamental, 2014-2015, p. 58.

4. Voir Prof. Christian Jr Kabange in « la clause de stabilisation dans le code minier révisé : portée d'une délimitation pro rata temporis sous les articles *276 et 342 », LegalRDC, janvier 11, 2021*. p. 4.

5. Prosper Weil, *op. cit., voir* p. 301 et s.

CHAPITRE 1

Les fondements juridiques et la portée de la clause de stabilisation dans les conventions minières en Guinée

41. La nécessité de recourir à une clause de stabilisation contractuelle trouve son origine dans le climat d'incertitude juridique et le déficit de confiance institutionnelle entre les parties contractantes.

42. En effet, l'investisseur étranger engage des capitaux colossaux sur le long terme, dans un environnement juridique, institutionnel et sociopolitique souvent distinct, voire instable. En raison de la nature complexe et des risques multiples inhérents aux différentes phases de l'activité minière, il apparaît juridiquement légitime et économiquement rationnel de prévoir des mécanismes de garantie supplémentaires, afin de sécuriser ses intérêts économiques contre les effets potentiels de modifications unilatérales du cadre normatif par l'État hôte.

43. Les clauses de stabilisation, constituent, à cet effet, une réponse pragmatique et juridique aux incertitudes inhérentes à l'environnement politique et économique des États hôtes.

Section 1 : Les fondements économiques et juridiques de la stabilisation contractuelle en droit minier

44. Incluse dans des accords entre investisseurs étrangers et États hôtes, la prévisibilité des règle de droit applicable à l'accord est perçue, du point de vue de l'investisseur, comme un mécanisme de gestion des risques permettant de protéger ses investissements étrangers contre certains risques souverains tels que la nationalisation, l'expropriation, ou encore le phénomène dit de « *l'obsolescence de l'accord* », dans lequel l'État hôte exploite l'évolution du contexte pour imposer de nouvelles obligations à l'investisseur[1]. Ces clauses dites de stabilité peuvent également être conçues pour mettre les investisseurs à l'abri de législations environnementales et sociales, dont l'impact économique est de plus en plus significatif pour eux.

45. Pour les bailleurs de fonds, la stabilisation constitue un baromètre leur permettant d'évaluer la bancabilité d'un projet d'investissement, en particulier dans les marchés émergents. C'est pourquoi ils exigent, au minimum, que les dispositions fiscales d'un accord soient stabilisées.

46. De leur côté, les États hôtes perçoivent, dans un premier temps, dans ces clauses un instrument favorisant l'attractivité du secteur grâce à la création d'un climat d'investissement sécurisé, propice à l'investissement étranger, même si, avec l'évolution, cette perception mérite d'être nuancée.

47. L'insécurité juridique est donc perçue comme une situation dans laquelle les règles de droit applicables ne sont pas suffisamment claires, stables ou prévisibles pour permettre aux acteurs économiques d'anticiper les conséquences juridiques de leurs actions[2]. Ces risques font

---

1. Voir le Rapport de Jhon Ruggie sur: "Stabilization Clauses and Human Rights", March 11, 2008, p. viii.

2. Elle peut prendre plusieurs formes dont la multiplication ou superposition de textes législatifs et réglementaires, parfois contradictoires, les modifications fréquentes des régimes fiscaux ou

l'objet d'analyses très détaillées par les parties au moment de la décision d'investir et lors de la négociation. Ces études rigoureuses permettent d'estimer la probabilité et la fréquence des événements indésirables, sans toutefois pouvoir empêcher leur survenance[3].

48. Depuis les années 1970 et dans le cadre d'un Nouvel Ordre Économique International (N.O.E.I.), les États hôtes disposent d'un droit unilatéral souverain de réviser ou de modifier substantiellement les conditions contractuelles ainsi que les droits acquis des investisseurs dans les contrats d'investissement miniers[4].

49. L'investissement minier, récupéré généralement sur de longues périodes, demeure ainsi particulièrement sensible aux mesures de contrôle exercées par l'État hôte, notamment à travers l'exercice de ses prérogatives souveraines légales et réglementaires, lesquelles peuvent porter atteinte à l'équilibre contractuel.

50. La sécurité juridique constitue ainsi le fondement même de la relation contractuelle entre l'État hôte et l'investisseur. Elle dépasse le simple respect des normes en vigueur pour s'inscrire dans une logique de prévisibilité, de clarté et de cohérence dans l'application des règles. Elle garantit à l'investisseur la possibilité de fonder ses prévisions financières et opérationnelles sur un socle normatif fiable, assurant la viabilité à moyen et long terme de son projet.

51. Pour l'État hôte, garantir la sécurité juridique ne signifie pas renoncer à ses prérogatives régulatrices, mais

---

douaniers applicables au secteur extractif, la pratique administratives arbitraires ou non encadrées par des textes clairs, des difficultés d'interprétation ou d'application uniforme des normes par les juridictions nationales.

3. *Ibid.,* voir p. 352.

4. Voir la Résolution 1803 (XVII), *op. cit.*

plutôt les exercer dans un cadre normatif intelligible, respectueux des engagements auxquels il a souscrit. Il s'agit d'adopter une approche prévisible et concertée du droit, en assurant un arbitrage équilibré entre les impératifs de souveraineté et la nécessité d'un climat propice à l'investissement.

52. De manière générale, dans les pays en voie de développement comme la Guinée, le risque politique se trouve considérablement aggravé par les changements de régime anticonstitutionnels, caractérisés souvent par l'ingérence des forces militaires dans les plus hautes sphères du pouvoir politique.

53. Les contrats conclus sous des régimes militaires soulèvent des problématiques juridiques majeures. En dépit du risque de prélèvements arbitraires, caractéristique fondamentale de tels régimes, ces contrats, pour la plupart, reflètent souvent les seules préférences et ambitions de la junte au pouvoir, ce qui affecte leur légitimité et leur représentativité, laquelle légitimité reste douteuse et est fondamentalement contestable[5].

54. L'avènement d'un régime démocratique s'accompagne fréquemment d'une remise en cause des engagements contractés sous le régime militaire précédent. Cette situation se traduit souvent par des procédures de renégociation ou de révision des contrats miniers[6]. Cette

---

5. En ce sens que les régimes militaires sont transitoires et les organes issus de ces régimes, notamment législatifs ne jouissent pas de la légitimité, et considérant que les ressources principe devenu constitutionnel est consacré par plusieurs législations modernes.

6. À la suite des régimes militaires ayant gouverné la Guinée de 1984 à 2010, l'instauration d'un régime civil en 2010 a ouvert la voie à

situation soulève, une fois de plus, la question de l'incidence normative de la démocratie et du principe d'autodétermination sur la légitimité et la validité des contrats étatiques conclus sous des régimes transitoires.

55. Toutefois, il convient de signaler qu'en Guinée, les droits accordés aux investisseurs miniers sous les régimes de transitions militaires successives de 1984 à 2024, n'ont jamais été remis en cause par les différents gouvernements qui ont pris fonction après les transitions[7]. Le principe sacro-saint du principe de « *continuité de l'État* » fut préservé et assuré.

56. La stabilité contractuelle, loin d'être une entrave à l'évolution du droit interne, est une nécessité juridique, en ce sens qu'elle fonde la confiance contractuelle entre les parties. Des instruments juridiques de dialogue contractuel, permettent justement de concilier les objectifs de développement durable, de justice sociale, fiscale et de transition énergétique avec la poursuite des engagements contractuels. Ils constituent ainsi les garants d'un partenariat pérenne.

---

d'importantes réformes dans le secteur minier. C'est dans ce contexte que fut adopté en 2011 la Loi n° L/2011/006/CNT du 9 septembre 2011 portant Code minier de la République de Guinée, puis modifié en 2013, en certaines de ses dispositions par la Loi n° 2013/053 du 8 avril 2013. Dans le prolongement de cette réforme législative, et avec l'appui technique et financier de la Banque africaine de développement (BAD), les autorités guinéennes ont engagé en 2013 un processus de révision/renégociation des titres et des conventions minières conclues durant la période des régimes militaires. Ce processus a concerné dix-huit contrats miniers, impliquant de grandes entreprises du secteur.

7. Voir en ce sens, voir l'article de presse de Me Hamidou Drame sur « *la régulation des activités minières à l'ère de la transition politique en Guinée* », disponible sur le site : *mosaiqueguinee.com,* (consulté le 09 octobre 2021).

57. Elle est bien plus qu'une simple exigence procédurale, elle constitue le fondement même de la relation de confiance entre l'État et l'investisseur. Elle implique non seulement la stabilité des règles applicables, mais aussi leur accessibilité, leur clarté, et leur mise en œuvre cohérente par les autorités administratives et juridictionnelles. Elle s'inscrit dans un cadre plus large de bonne gouvernance contractuelle, sans laquelle aucune exploitation minière durable et mutuellement bénéfique ne saurait prospérer.

58. La prévisibilité normative est ainsi une caution pour l'investisseur de s'engager sur la base de paramètres clairs, stables et vérifiables, qu'il s'agisse des régimes fiscaux et douaniers, des obligations environnementales ou des conditions d'exploitation technique, elle fonde sa capacité à réaliser des prévisions financières fiables, à planifier les opérations à moyen et long terme, à anticiper les obligations légales et réglementaires et à assurer un retour sur investissement.

59. Cette exigence de prévisibilité des règles juridiques se traduit généralement par l'intégration de clauses spécifiques de stabilisation, de renégociation ou d'indemnisation, qui visent à encadrer les effets potentiels de modifications ultérieures du droit national. Ces dispositifs contractuels sont perçus comme un prolongement de la garantie de sécurité juridique, en compensant le pouvoir discrétionnaire de l'État par des mécanismes d'équilibre.

60. Du point de vue de l'État hôte, garantir la sécurité juridique ne signifie pas renoncer à son pouvoir de régulation. Il s'agit plutôt de s'inscrire dans une logique de prévisibilité normative, respectueuse de la parole donnée, en évitant les décisions arbitraires ou rétroactives. L'État qui agit de manière cohérente et respectueuse de ses engagements contractuels renforce la crédibilité de son environnement d'investissement, attirant ainsi des investissements directs dans le secteur extractif.

61. Dès lors, la sécurité juridique est perçue comme un mécanisme de légitimité institutionnelle, et permet de ce fait, à l'État, de démontrer sa capacité à respecter l'État de droit, à traiter équitablement ses partenaires économiques, et à bâtir une gouvernance minière fondée sur la transparence et la prévisibilité. Il serait réducteur de considérer la sécurité juridique comme une immobilisation du droit.

62. Par ailleurs, la stabilisation peut revêtir une portée soit générale, soit limitée, selon le contexte juridique et les objectifs poursuivis.

Section 2 : Le champ d'application et mécanismes de mise en œuvre dans le secteur minier guinéen

La stabilisation peut avoir une portée plus générale, couvrant toute la matière du contrat ou limitée dans le temps ainsi que sur les matières et personnes couvertes.

§ 1. Les mécanismes juridiques de la stabilisation

63. Les investisseurs ont recours à de techniques juridiques spécifiques visant à préserver l'équilibre contractuel initial, regroupées sous l'appellation de technique de stabilisation. Ces mécanismes, qu'il s'agisse de la stabilisation proprement dite, de la non-aggravation ou de l'adaptation du contrat, poursuivent un objectif commun, celui de garantir la stabilité du droit applicable tout en ménageant à l'État hôte un espace d'intervention conforme à l'intérêt général.

64. Ils traduisent une forme de contractualisation du droit, révélateurs de l'articulation entre droit public et droit privé dans la sécurisation juridique des investissements étrangers.

65. En Guinée, la stabilisation du régime juridique des investissements miniers s'opère à travers deux mécanismes complémentaires : l'un de nature contractuelle, offrant une sécurité juridique négociée entre les parties, et l'autre, prévu par la législation minière, notamment le Code minier, garantissant une prévisibilité normative pour l'ensemble des acteurs du secteur.

A. La stabilisation proprement dite

66. Ce mécanisme se réalise par l'utilisation de deux techniques différentes[8], la première dite de l'incorporation et la seconde de l'inopposabilité.

1. La technique de l'incorporation

67. La technique de l'incorporation correspond à une transformation des dispositions législatives en dispositions conventionnelles au contrat lui-même. Dans ce cas, une liste de la législation concernée est établie dans le contrat. Les dispositions légales et réglementaires stabilisées font donc partie intégrante du contrat.

68. Une autre méthode consiste à faire ratifier les conventions par la représentation nationale et lui conférer au contrat force de loi, de sorte que les modifications législatives ultérieures ne pourraient s'appliquer au contrat.

69. Cette dernière approche trouve une traduction concrète en Guinée, où les conventions minières, une fois négociées entre l'État et l'investisseur, sont soumises à l'approbation du parlement[9]. L'objectif de cette démarche est précisément de leur conférer une valeur normative

---

8. LAURIOL Thierry et RAYNAULD Émilie, *Le droit pétrolier et minier en Afrique*, préface d'Yves Nouvel, Paris, *LGDJ*, coll. Droit africains, 20 décembre 2016, p. 351.

9. Voir en ce sens, l'article 18 de la loi la loi L/2013/053/CNT du 8 avril 2013.

équivalente à celle d'une loi, les rendant ainsi insusceptibles d'être remises en cause par de simples modifications réglementaires ou législatives postérieures.

70. Ce mécanisme juridique d'élévation juridique d'élévation des conventions minières au rang de loi, constitue une forme renforcée de clause de stabilisation, en ce qu'elle verrouille juridiquement les engagements de l'État et limite ainsi les risques de modifications unilatérales du cadre légal applicable au contrat, pendant une durée limitée pour certaines[10] et illimité pour d'autres[11].

71. Cette approche est par ailleurs consolidée par les formulations récurrentes dans la majorité des conventions minières conclues en Guinée, lesquelles tendent à affirmer

---

10. Voir en ce sens, l'article 34 de la Convention de base entre la République de Guinée et Dynamic Mining SARLU et International Gulf FZC, relative à l'exploitation des gisements de bauxite de Boké, conclue en avril 2018 ; article 32 de la Convention de base conclue entre Chalco Guinea Company S.A, filiale du groupe Chinalco et la République de Guinée, pour la réalisation d'un projet intégré de bauxite-Alumine, conclue le 8 juin 2018 ; et article 33 de la Convention de base conclue entre la République de Guinée et Bel Air Mining S.A, pour l'exploitation des gisements de bauxite entre la République, conclue 1er février 2016.

11. En illustration, l'article 22 et 32 de la Convention de base conclue entre la République de Guinée et Corporation S.A, le 15 octobre 2004, ratifiée par l'Assemblée nationale de la Guinée à travers la loi L/2005/015/AN du 04 juillet 2005, modifiée par deux avenants signés respectivement les 16 mai 2005 et 24 novembre 2013 ; et l'article 6 et 12 de la Convention de base conclue en 1963, entre la République de Guinée et la *société* Harvey Aluminium Co. of Delaware, maison mère de CBG S.A, gèlent de façon absolue la loi applicable pendant toute la durée du projet.

la primauté des stipulations contractuelles sur les dispositions légales nationales en cas de contradiction[12].

2. **La technique de l'inopposabilité**

72. L'inopposabilité consiste à rendre inapplicables au titulaire de titre minier les dispositions légales et réglementaires postérieures à la conclusion du contrat, dès lors qu'il bénéficie d'un régime stabilisé[13]. Elle repose sur le postulat qu'au moment de la signature, le contrat est conforme à la législation en vigueur.

73. Dès lors, toute modification ultérieure du cadre juridique, incompatible avec les stipulations contractuelles, serait inopposable au titulaire de titre minier. Ce principe est confirmé par le Code minier de 2011[14] et se trouve consigné dans les conventions minières.

74. Dans certaines hypothèses, l'inopposabilité de la loi nouvelle n'est pas absolue. Ainsi, au cas où la législation modifiée serait plus favorable, le titulaire de titre minier pourrait opter pour l'application de ce régime plus favorable. Ce droit d'option peut être assorti de l'obligation d'adapter le régime plus favorable dans son intégralité, ce qui permet en pratique de garantir une plus grande lisibilité.

75. D'autres législations prévoient simplement l'application des dispositions législatives et réglementaires plus avantageuses sans subordonner l'application du régime plus favorable à l'option du titulaire de titre minier.

---

12. Voir par exemple l'alinéa 2 du chapitre préliminaire de l'Annexe Comptable et Fiscale de la Convention de Base signée entre la République de Guinée et Guinea Alumina Corporation S.A (GAC S.A) ratifiée par l'Assemblée nationale de la Guinée à travers la loi L/2005/015/AN du 04 juillet 2005.

13. LAURIOL Thierry et RAYNAULD Émilie, *op. cit.*, voir p. 351.

14. Loi L/2013/053/CNT, *op. cit.,* voir notamment l'article. 182.

76. Il convient de relever que la loi minière guinéenne ne prévoit pas expressément ce droit d'option à l'investisseur. Toutefois, cette possibilité est généralement insérée dans la plupart des conventions minières conclues entre l'État guinéen et les titulaires de titre minier[15]. D'autres par contre, conditionne ce droit d'option à l'adoption entière de la législation de la nouvelle législation[16].

B. L'adaptation du contrat minier

77. Il s'agit d'une hypothèse bien particulière qui peut être rattachée aux clauses de changement de circonstance[17]. Au terme de ces clauses, l'État s'oblige à entamer des négociations avec l'investisseur afin de restaurer l'équilibre économique du contrat au cas où un changement du cadre légal ou réglementaire aurait un impact négatif sur l'investissement du titulaire de titre minier[18]. Dans cette perspective, le contenu du droit applicable est modifié et s'applique immédiatement au contrat d'exploitation.

---

15. Voir l'article 22 de la convention de base conclue entre la République de Guinée et GAC S.A; l'article 34 de la convention de base entre la Guinée et Dynamic Mining SARLU, *op., cit.*; l'article 32.3 de la Convention de base entre la République de Guinée et Chalco Guinea Company S.A, *op., cit.*, etc.
16. Voir l'article 32.2 de la convention de base conclue entre la Guinée et Bel Air Mining, Alufer Mining, Alufer Mining Limited, Concession, 2016.
17. LAURIOL Thierry et RAYNAULD Émilie, *op. cit.*, voir p. 351.
18. Voir TITI Catherine, « Les clauses de stabilisation dans les contrats d'investissement : une entrave au pouvoir normatif de l'État d'accueil ? », *JDI*, n°2, 2014, p. 549.

C. La non-aggravation des charges fiscales et réglementaires

78. Dans le cadre de clause dite de non-aggravation, l'État d'accueil s'engage à rendre inapplicables les modifications législatives et réglementaires qui auraient pour effet d'aggraver la situation économique du projet. Cependant, le critère de l'aggravation n'est que très rarement défini, ce qui en pratique peut donner lieu à une interprétation divergente entre les parties.

79. D'une manière générale, le critère de l'aggravation renvoie à l'aggravation de la charge fiscale et financière[19] du projet minier. Le caractère aggravant d'une disposition législative et réglementaire s'apprécie globalement, au regard du contrat d'exploitation dans son ensemble et non pas pour une seule ou plusieurs de ses clauses[20].

80. Les clauses de stabilisation posent comme principe général la stabilisation ou la non-aggravation des charges fiscales, douanières et réglementaires. Que la garantie de stabilité soit d'origine légale ou conventionnelle, les textes reprennent l'application du principe en prévoyant la stabilité des conditions dans des domaines particuliers, notamment au titre de la fiscalité, de la réglementation des changes ou encore du régime douanier[21].

§ 2. Le périmètre et les limites de la stabilisation

81. La détermination du champ d'application des clauses de stabilisation impose, en premier lieu, d'identifier avec précision les bénéficiaires de ce régime juridique

---

19. LAURIOL Thierry et RAYNAULD Émilie, *op. cit.*, voir p. 356.
20. *Ibid.*, voir p. 352.
21. *Ibid.*, voir p. 35.

dérogatoire, les matières qu'il couvre ainsi que celles exclues de son champ d'application.

82. Il convient de souligner que l'étendue des clauses de stabilisation demeure, dans la pratique, généralement restreinte, tant du point de vue matériel que temporel, même si elle couvre, dans certaines conventions minières conclues en Guinée, plus largement toute la matière fiscale, douanière et réglementaire. En effet, leur portée se limite souvent à certains domaines spécifiques, principalement fiscaux, douaniers, les changes et réglementaires et leur durée d'effet est en principe encadrée, voire plafonnée, afin de préserver la faculté de l'État à adapter son droit aux évolutions, surtout dans les domaines sociales, environnementaux, et de la santé sécurité.

A. Les personnes concernées

83. La garantie de stabilité du cadre légal et réglementaire est, en principe, destinée à bénéficier à l'exploitant privé, entendu comme le titulaire d'un titre minier[22].

84. Toutefois, certaines interprétations et pratiques contractuelles tendent à élargir le champ d'application de la stabilisation du régime fiscal et douanier non seulement au titulaire du titre minier lui-même, mais également à ses sous-traitants directs[23] ou indirects. Cette extension peut

---

22. La Loi L/2013/053/CNT, *op. cit.*, voir notamment l'article 182.

23. La Convention de base conclue entre la République de Guinée et Guinea Alumina Corporation S.A, le 15 octobre 2004, et ses deux avenants signés respectivement les 16 mai 2005 et 24 novembre 2013, *op. cit.*, voir notamment l'article 32. « *[l]'investisseur et ses Sous-traitants directs ne seront assujettis pour les Activités du Projet à aucun*

inclure, selon les cas, des entreprises intervenant pour le compte du titulaire de titre minier, en association avec lui, ou encore des entités qui lui sont affiliées, dans la stricte mesure où leur intervention s'inscrit dans le cadre de la réalisation de l'objet social de la société détentrice du titre minier[24].

B. Les matières couvertes

85. Les clauses de stabilisation peuvent revêtir une portée générale ou limitée. Dans leur acception la plus large, elles sont formulées de manière globale et s'appliquent à l'ensemble des aspects régissant les relations entre l'État et l'investisseur étranger.

Impôt (y compris pour être précis les droits et taxes d'exportation, ta taxe sur la valeur ajoutée et l'impôt sur les plus-values), qui ne soit pas expressément visé aux présentes.
L'Investisseur et ses Sous-traitants directs bénéficient pour les Activités du Projet, en vertu de la présente Convention, de la stabilisation du Régime Fiscal et Douanier en vigueur à la date de signature des présentes (y compris les dispositions des présentes), et ce pendant toute la durée de la présente Convention ». Voir également, la Convention de base entre la République de Guinée de Dynamic Mining SARLU, article 24.3 de la Convention de base signée entre la République de Guinée et Chalco Guinea Company S.A en 2018, *op. cit.,* voir l'article 25.1 ; la Convention de base entre la République de Guinée et Bel Air Mining S.A signée en 2016, *op. cit.*, voir l'article 24.1.

24. Le sous-traitant direct est défini par l'article 18-1 du Code minier de 2011 comme suit: « *[l]es Sous-traitants directs sont les sous-traitants, définis à l'article 1 du présent Code, qui livrent directement des biens ou fournissent directement des services aux titulaires d'un Titre minier. Sont donc exclus, entre autres, de cette définition les sous-traitants des sous-traitants directs. L'activité de ces Sous-traitants directs doit être strictement limitée à une activité de recherche, de construction d'installations minières, telles que définies à l'article 168 du présent Code, ou à une activité d'extraction* ».

86. À l'inverse, leur champ d'application peut être circonscrit à des domaines spécifiques, tels que le régime fiscal, douanier[25], les changes, ou de manière plus ciblée encore, à certaines catégories d'impositions. Ces clauses peuvent également prévoir expressément les textes juridiques gelés pendant une période déterminée.

C. Les limites temporelles

87. La Loi n°L/2011/006/CNT du 9 septembre 2011 portant Code minier de la République de Guinée, amendé par la Loi n° 2013/053 du 8 avril 2013 (« Code minier de 2011 »), consacre une garantie de stabilisation du régime fiscal et douanier au bénéfice des titulaires de titre d'exploitation ayant signé une convention minière avec la Guinée, dans la limite maximale de quinze (15) ans, à compter de la date d'octroi du Titre d'exploitation².

D. Les limites matérielles

88. La portée des clauses de stabilisation connaît des restrictions importantes. Certaines matières, jugées sensibles, sont expressément exclues de leur champ d'application.

1. Les limites posées par le droit communautaire

89. La Directive minière de la Communauté des États de l'Afrique de l'Ouest (« Directive de la CEDEAO »)[26]

---

25. LAURIOL Thierry et RAYNAULD Émilie, *op. cit.*, voir p. 35.
26. Voir la Directive minière C/DIR3/05/09 de la Communauté Économique des États de l'Afrique de l'Ouest , du 27 mai 2009, portant sur l'harmonisation des principes directeurs et des politiques dans le secteur minier. Cette directive vise à établir un cadre conceptuel

affirme que les ressources naturelles appartiennent exclusivement à l'État, lequel les gère dans l'intérêt des peuples. Cela fonde juridiquement l'idée que l'État a un devoir de fiduciaire dans la gestion de ces ressources, et priorise les droits collectifs sur les intérêts privés, y compris ceux des investisseurs.

90. La Directive minière de la CEDEAO relativise les effets absolus d'une clause de stabilisation, notamment lorsque cette dernière entre en conflit avec l'intérêt général ou les droits fondamentaux tels que l'environnement, les droits des communautés, etc.

91. La Directive communautaire précitée conditionne l'octroi des exonérations fiscales et douanières, souvent objet de clauses de stabilisation au respect effectif des normes environnementales et sociales. Juridiquement, cela signifie que les avantages accordés à l'investisseur peuvent être suspendus ou retirés si ce dernier ne respecte pas ses obligations en matière de protection de l'environnement ou des droits communautaires.

92. Cela établit une hiérarchisation des normes, où les impératifs environnementaux et sociaux prévalent sur la stabilisation fiscale, douanière ou réglementaire. Dans ce contexte, toute clause de stabilisation insérée dans un

---

harmonisé pour ce secteur au sein de l'Union, en se basant sur des normes, pratique et standards internationaux. Les Directives ont une force obligatoire à l'égard des États membres de la CEDEAO, les modalités de mise en œuvre de leurs objectifs étant laissées à l'appréciation desdits États. Aux termes de l'article 9 de l'Acte additionnel A/SA.3/01/10 portant amendement de l'article 9 nouveau du Traité de la CEDEAO, tel qu'amendé par le Protocole additionnel A/SP.1/06/06 : « *[l] es directives sont des actes par lesquels la Conférence ou le Conseil fixe aux États membres des objectifs à atteindre, en laissant à chacun d'eux la liberté de décider des modalités de réaliser ces objectifs. Les directives sont des Actes obligatoires pour les États* ».

contrat minier ne saurait être interprétée comme figeant les obligations environnementales ou sociales.

2. La limitation conventionnelle de la stabilisation en droit guinéen

93. Il faut remarquer que la législation guinéenne s'aligne sur les dispositions de la Directive de la CEDEAO, en reprenant la tendance marquée à exclure les dimensions environnementales et sociales du champ d'application de la stabilisation. Cette orientation traduit la volonté de reconnaître que ces matières, par nature dynamiques, ne sauraient être figées par des engagements contractuels.

94. Le Code minier de 2011 consacre cette approche en apportant une clarification substantielle du champ matériel couvert par la garantie de stabilisation. Il en limite expressément l'application, en excluant notamment un ensemble de prélèvements fiscaux et parafiscaux, notamment les droits fixes, les redevances annuelles, les redevances superficielles, ainsi que les droits d'accise et les taxes environnementales[27].

95. En dehors de la taxe sur l'extraction ou la production et de la taxe à l'exportation, le mécanisme de stabilisation ne s'étend donc pas à l'assiette des impôts, droits et taxes[28]. L'État dispose donc de la faculté de modifier la base de calcul de ces dernières, sans que le titulaire du titre minier puisse invoquer la clause de stabilisation.

96. De même, le code pétrolier guinéen nous semble être encore plus explicite en la matière, en prévoyant expressément non seulement la garantie des conditions juridiques et administratives, mais soustraire du périmètre

---

27. Voir notamment les articles 182 de la loi L/2013/053/CNT du 8 avril 2013, *op. cit.*
28. *Ibid.*

d'application de la stabilisation, les matières concernant la sécurité des personnes, la protection de l'environnement, le contrôle des opérations ou encore le droit du travail[29].

97. En matière de stabilisation contractuelle, les garanties que l'État peut consentir aux entreprises doivent se limiter à des engagements relatifs au traitement non discriminatoire. Cela implique que les entreprises ne sauraient solliciter, exiger ou accepter des dispositions prévoyant des exemptions ou des indemnisations à la suite de modifications du cadre juridique ou réglementaire en matière de droits humains, de protection de l'environnement, de santé, de sécurité ou de normes du travail[30].

98. Les orientations internationales récentes font valoir que les modifications de la législation ou de l'interprétation du droit positif de l'État hôte visant à lutter contre l'évasion fiscale ou à protéger contre la réduction de l'assiette fiscale et le déplacement des bénéfices, tels que les règles relatives à la limitation de la déduction des intérêts et aux prix de transfert, devraient être exclues de la stabilisation[31].

3. Les instruments du *''soft law''* comme vecteur de limitation de la stabilisation contractuelle

99. Par ailleurs, le rapport Ruggie/SFI considère les problèmes de stabilisation principalement comme un

---

29. Voir en ce sens, l'article 111 de la Loi n°2014-34 du 23 décembre 2014 portant Code pétrolier de la République de Guinée.
30. Voir le Précepte 11 de la Charte des ressources naturelles ; le Principe directeur VII des Principes directeurs de l'OCDE pour les contrats d'extraction durables (2019) et le Principe 4 des Nations Unies (2015), *Principles for Responsible Contracts: Integrating the Management of Human Rights Risks Into State-Investor Contract Negotiations – Guidance for Negotiators*, p. 15.
31. OCDE, Principes directeurs pour des contrats extractifs durables, 2019, p. 16.

compromis entre le besoin en capital des pays en développement, qui engendre une volonté de prendre de tels engagements envers les investisseurs, et l'autonomie politique que ces gouvernements aimeraient avoir pour mettre en œuvre les mesures sociales, environnementales et autres répondant aux besoins de leurs citoyens dans le temps[32].

100. L'étude présuppose que, avec des capacités de négociation renforcées, des citoyens mieux informés et une pression exercée sur les entreprises multinationales pour qu'elles agissent de manière socialement et environnementalement responsable, les gouvernements des pays en développement seront capables d'obtenir des clauses de stabilisation « *plus justes* » et équilibrées, permettant de protéger leur pouvoir fondamental de réglementation tout en s'occupant des principales préoccupations des investisseurs quant à la stabilité.

101. Le rapport Ruggie/SFI[33] met en avant la nature beaucoup plus équilibrée et nuancée des clauses de stabilisation incluses dans les contrats d'investissement auxquels sont partis les membres de l'Organisation de Coopération et de Développement Économique (« OCDE »)[34].

102. Le rapport suggère également que les gouvernements disposant de capacités de négociation élevées sont capables de parvenir à un accord avec les investisseurs tout en évitant les clauses générales de « *gel* » ou « *d'équilibre total* », qui limitent le pouvoir de

---

32. Ruggie, J., Stabilization Clauses and Human Rights. Société financière internationale, May 2008, *op. cit.*

33. *Ibid.*

34. L'OCDE est une organisation internationale d'études économiques dont la mission est de promouvoir les politiques qui amélioreront le bien-être économique et social partout dans le monde.

réglementation dans un éventail large ou illimité de domaines réglementaires. Le rapport SFI/Ruggie fait remarquer que les préoccupations concernant l'opportunisme réglementaire, à l'inverse de la simple incertitude réglementaire, pourraient être traitées au moyen de clauses de stabilisation très limitées, du type de celles qui entraînent une indemnisation seulement en cas d'actions réglementaires discriminatoires ou arbitraires[35].

103.L'OCDE a développé un ensemble de principes dits les principes directeurs à l'intention des entreprises multinationales[36], au contenu non contraignant, visant à encourager une conduite raisonnable de la part des États.

104.S'agissant des clauses de stabilisation insérées dans les contrats d'investissement à longue durée, l'OCDE considère qu'il serait *« déraisonnable »* pour les entreprises de s'opposer à toute évolution législative sur une période prolongée. En effet, les normes relatives aux droits de l'homme ne sauraient demeurer immuables pendant plus d'un demi-siècle[37].

105. Jhon Ruggie, le représentant spécial du secrétaire général de l'organisation des Nations Unies chargé de la question des droits de l'homme et des sociétés multinationales et autres entreprises, a estimé dans son

---

35. *Ibid.*

36. Les Principes directeurs sont des recommandations que les gouvernements adressent aux entreprises multinationales afin de favoriser une conduite raisonnable des entreprises dans les domaines des relations professionnelles, des droits de l'homme, de l'environnement, de la fiscalité, de la publication d'informations, de la lutte contre la corruption, des intérêts des consommateurs, de la science et de la technologie, et de la concurrence.

37. TITI (C), « Les clauses de stabilisation dans les contrats d'investissement : une entrave au pouvoir normatif de l'État d'accueil ? », *JDI*, n°2, 2014, p. 555.

rapport du 25 mai 2011[38] que : *« les clauses de stabilisation, si elles sont incluses dans un contrat, doivent être soigneusement rédigées pour éviter qu'elles interfèrent avec les actions d'un État qui s'efforce de mettre en œuvre des lois, des règlements ou des politiques, de bonne foi et de manière non discriminatoire, afin de remplir ses obligations en matière de droits de l'homme[39] »*. L'État est tenu par ses engagements internationaux en matière de droits de l'homme qui l'obligent à exercer sa compétence normative pour se conformer au cadre international mis en place.

106. Les Principes directeurs de l'OCDE énoncent que les entreprises doivent *« s'abstenir de rechercher ou d'accepter des exceptions non prévues dans le dispositif législatif ou réglementaire concernant les droits de l'homme, l'environnement, la santé, la sécurité, le travail, la fiscalité, les incitations financières ou d'autres domaines[40] »*. Dès lors, les clauses de stabilisation à portée spécifique offrent davantage de garanties aux acteurs internationaux soucieux d'assurer la conformité et la bonne conduite des investissements transnationaux, comparativement aux clauses de stabilisation de portée générale.

107. De ce fait, l'on observe une insertion progressive dans les contrats d'investissement, de clauses d'exception

---

38. Rapport, RUGGIE (J), Les entreprises et les droits de l'homme : vers une traduction opérationnelle du cadre « *Protéger, respecter et réparer* », 22 avril 2009, p.7.

39. Principe 4 des « Principes pour des contrats responsables intégrer la gestion des risques pour les droits de l'homme dans les négociations contractuelles entre états et investisseurs conseils à l'intention des négociateurs », publication des Nations Unies ; New York et Genève, 2015.

40. Voir notamment l'OCDE, les principes directeurs à l'intention des entreprises multinationales, 2011, p. 22.

visant à limiter le champ d'application des clauses de stabilisation, afin d'éviter toute interférence avec la législation relative aux droits humains. Bien qu'ils relèvent du *soft law*, ces principes tendent à *« renforcer le cadre international, juridique et réglementaire dans lequel les entreprises exercent leurs activités*[41] *»*.

108. La mise en lumière des fondements économiques et juridiques des mécanismes de stabilisation, l'analyse de leurs modalités de mise en œuvre ainsi que la délimitation de leur champ d'application ont permis de cerner les raisons qui justifient leur insertion dans les conventions minières, ainsi que les différentes formes qu'ils peuvent revêtir dans le contexte guinéen.

109. Il importe à présent d'examiner le cadre normatif encadrant les mécanismes de sécurisation des investissements miniers, tant au niveau international que national, afin d'évaluer dans quelle mesure le droit organise, voire restreint, le recours aux clauses de stabilisation.

---

41. TITI (C), *op. cit.*, voir p. 559.

CHAPITRE 2

Les fondements et régimes juridiques de la stabilisation contractuelle

110. Les clauses de stabilisation constituent un instrument contractuel par lequel, l'État hôte s'engage soit à maintenir inchangées certaines normes juridiques ou économiques applicables à un projet déterminé, soit à indemniser l'investisseur en cas de modification des règles adoptées postérieurement à l'entrée en vigueur du contrat et de nature à bouleverser l'équilibre initial, compromettant ainsi les attentes légitimes de l'investisseur[1].

---

1. La notion d'attente légitime ne semble pas encore avoir trouvé une assise conceptuelle stable dans l'interprétation des tribunaux arbitraux internationaux, ce qui rend sa qualification juridique et l'appréciation de sa portée particulièrement délicate. Toutefois, il convient de relever que ce principe a été invoqué, sous des formes diverses, dans plusieurs affaires d'investissement, ayant pour dénominateur commun un acte ou une omission imputable à une autorité étatique. Il importe néanmoins de préciser que toutes les actions ou omissions de l'État hôte ne sont pas, en elles-mêmes, de nature à faire naître ou à compromettre une attente légitime de l'investisseur, notamment dans le secteur extractif. Pour que ce principe puisse être valablement invoqué par une entreprise pétrolière ou minière étrangère, il est requis que l'acte ou l'omission alléguée soit non seulement imputable à l'État hôte, mais également en lien direct avec une atteinte

111. Opérant à la croisée du droit interne, du droit international des investissements et du principe de souveraineté étatique, la clause de stabilisation revêt une importance particulière dans les États en développement, où l'instabilité normative, les mutations institutionnelles et les risques politiques, souvent liés à des conjonctures internes ou externes, sont susceptibles de compromettre la rentabilité à long terme des projets extractifs.

112. En République de Guinée, riche en ressources naturelles, la pratique contractuelle de la clause de stabilisation s'est imposée au fil du temps comme un mécanisme de sécurisation juridique visant à renforcer l'attractivité du pays auprès des investisseurs étrangers.

113. Ce chapitre se propose d'analyser la pratique guinéenne de la stabilisation contractuelle à travers une approche à la fois historique, juridique et institutionnelle.

---

spécifique à l'investissement concerné. Autrement dit, l'invocation du principe d'attente légitime ne saurait être abstraite ou théorique ; elle suppose la démonstration concrète d'un lien de causalité entre le comportement de l'État et le préjudice subi par l'investisseur. Ainsi, les deux critères cumulatifs de l'imputabilité de l'acte ou de l'omission à l'État hôte et de l'atteinte substantielle à l'investissement sont nécessaires à la reconnaissance effective de l'existence d'une attente légitime protégée au titre du droit international des investissements. Voir en ce sens, Euloge Anicet NKOUNKOU « La stabilisation des investissements pétroliers et miniers transnationaux des contrats », Faculté de Droit Université Laval Québec 2012, p. 309. Voir également, M. Potesta, « Legitimate expectations in investment treaty law: Understanding the roots and the limits of a controversial concept », *ICSID Review*, 2013, vol. 28, pp. 88-122., et J. Cazala, « La protection des attentes légitimes de l'investisseur dans l'arbitrage international », *Revue internationale de droit économique*, 2009, p. 5 et s.

Section 1 : L'ancrage international de la stabilisation contractuelle

114. Le contrat minier/pétrolier, en raison de son exposition aux circonstances imprévues de l'usure du temps, requiert, plus que tout autre, stabilité. Cet arsenal juridique est en outre renforcé par les accords de promotion et de protection des investissements mis en place par les États. Le cadre juridique international trouve ainsi son ancrage dans un dispositif juridique interne complémentaire. Le cadre juridique international trouve son ancrage dans celle d'un arsenal juridique interne.

§ 1. L'articulation des clauses de stabilisation avec les traités bilatéraux et multilatéraux d'investissement

115. Bien que les clauses de stabilisation ne figurent pas systématiquement de manière expresse dans les traités bilatéraux d'investissement (TBI) ou les traités multilatéraux, leur effet est fréquemment reconnu de façon implicite à travers certaines normes de protection des investissements, notamment.

116.*Le traitement juste et équitable*, norme souvent invoquée devant les tribunaux arbitraux, impose une obligation de stabilité du cadre réglementaire. L'investisseur est en droit d'espérer que l'environnement juridique et réglementaire dans lequel le contrat a été conclu ne sera pas modifié unilatéralement par l'État de manière arbitraire ou discriminatoire à l'égard de son investissement[2], de manière à préserver l'intégrité et la valeur de celui-ci.

117._La protection contre l'expropriation indirecte_ : les modifications réglementaires susceptibles de priver substantiellement l'investisseur de la jouissance pleine et entière de son investissement, sans qu'une compensation préalable et adéquate ne soit pas versée, peuvent constituer aux yeux des tribunaux arbitraux une forme d'expropriation déguisée.

118. Cette responsabilité de l'État engage tant ses obligations contractuelles que ses engagements internationaux, notamment au titre des accords de protection des investissements.

119. Par ailleurs, en Guinée, les investissements miniers comme tout autres, en raison de l'ampleur des infrastructures qu'ils mobilisent, font très souvent l'objet des conventions « _Built, Operate and Transfer_[3] ». Ces conventions BOT, qui couvrent les domaines miniers, offrent une garantie supplémentaire de stabilisation du

---

2. Voir par exemple l'article 4 de la convention de protection des investissements conclue entre le gouvernement des Émirats Arabes Unis et le gouvernement de la République de Guinée sur la protection et la promotion de l'investissement conclue le 18 août 2011.

3. Régies par la loi n°97/012/AN du 1er juin 1998 relative au financement, à la Construction, à l'Exploitation, à l'Entretien et au Transfert d'Infrastructures de Développement par le secteur minier (la « Loi BOT »).

régime fiscal aux investisseurs[4] et les mettent à l'abri de toute forme d'expropriation adoptée par l'État[5].

120. La protection du contrat minier/pétrolier par un traité de couverture qu'il soit un TBI, un accord de libre-échange ou toute autre forme de protection conventionnelle de l'investissement engendre une certaine délicatesse dans le traitement de l'effet contraignant des clauses de stabilisation sur le pouvoir réglementaire de l'État hôte[6].

121. La clause de stabilisation trouve son prolongement normatif à travers une «*Umbrella clause*[7]» insérée dans un traité bilatéral ou multilatéral de protection des investissements. En effet, cette dernière a pour effet de rehausser au niveau du droit international toute violation des stipulations contractuelles, y compris celles relatives à la stabilisation, en les érigeant en manquements au traité lui-même. Dès lors, la méconnaissance par l'État hôte de la clause de stabilisation contractuelle est susceptible d'engager sa responsabilité internationale devant un tribunal arbitral compétent.

122.C'est ainsi que, dans l'affaire *El Paso Energy International Company* c. République argentine, le tribunal

---

4. *Ibid.*, voir notamment l'article 10 : *«[...] l'investisseur bénéficie en vertu de la présente Loi de la stabilisation du régime fiscal et des incitations tels que définis par la présente Loi, et ce, pendant toute la durée définie par la Convention BOT »*

5. *Ibid.*, voir notamment l'article 7.2.7. : « *L'État garantit à l'investisseur la non expropriation de tous ses biens et capitaux faisant de la Convention BOT* ».

6. TITI (C), *op. cit.*, voir p. 551.

7. *Les « Umbrella clauses »* ont pour effet de déplacer l'obligation d'un État souscrite dans le cadre d'un traité de protection des investissements envers un investisseur privé étranger, du champ contractuel vers le champ international, et ainsi de transformer le non-respect par l'État d'une obligation contractuelle en non disposition du BIT applicable.

arbitral a expressément considéré que l'article 2 du traité d'investissement conclu entre les États-Unis et l'Argentine permettait d'étendre le champ d'application de l'« *Umbrella clause* » aux clauses de stabilisation[8], leur conférant ainsi une protection renforcée au regard du droit international[9].

123.L'internationalisation de la protection des investissements pétroliers/miniers comporte les standards internationaux de la protection des investissements, essentiellement le traitement juste et équitable. Cette norme, qui tend vers la protection des attentes légitimes des investisseurs étrangers, peut être menacée en cas de manquement aux obligations qui incombent à l'État hôte[10].

124. En effet, toute modification du dispositif législatif et réglementaire interne par la partie étatique qui touche aux engagements spécifiques à l'égard de l'investisseur constitue une atteinte au traitement juste et équitable au sens de la sentence El Paso précitée antérieurement.

125. La violation d'une clause de stabilisation aura une incidence particulière en présence d'un traité de promotion et de protection des investissements conclus entre l'État d'accueil et l'État d'origine de l'investisseur, lequel

---

8. Voir à cet effet, le Traité bilatéral d'investissement conclu entre les États-Unis et l'Argentine, signé le 12 novembre 1991, en son article *2. a) qui* dispose : « *[l]es investissements doivent à tout moment bénéficier d'un traitement juste et équitable, jouir d'une protection et d'une sécurité complètes et ne doivent en aucun cas bénéficier d'un traitement moins favorable que celui requis par le droit international*».

9. El Paso Energy International Company v. Argentine Republic, *ICSID Case* No. ARB/03/15.

10. LONCLE (J-M), PHILIBERT-PROLLEZ (D), « Les clauses de stabilisation dans les contrats d'investissement », *RDAI*, n°3, 2009, p. 271.

contiendrait une clause de couverture[11]. Cette clause, également connue sous le nom de clause parapluie ou «*Umbrella clauses »*, prévoit que chaque État respectera ses obligations à l'égard des investisseurs de l'autre État[12].

126. Ainsi, la violation de la clause de stabilisation porte atteinte aux attentes légitimes de l'investisseur et pourrait être considérée comme constituant une violation du traitement juste et équitable garanti et par conséquent une violation du traité lui-même.

127. Quant aux conséquences financières de la violation d'une clause de stabilisation par l'État hôte, une partie de la doctrine soutient que la « *restitutio in integrum* » est un remède adéquat[13].

128. Pour d'autres, la violation d'une clause de stabilisation doit certes donner lieu à la compensation du dommage subi par l'investisseur, mais également à une compensation du gain manquant, « *lucum cessans*[14]».

129.À notre avis, une approche plus équilibrée tenant compte des conséquences financières de la violation d'une clause de stabilisation, in extenso du traité bilatéral devrait

---

11. Voir Gérard CAHIN, La clause de couverture (dite umbrella clause), *in RGDIP*, Paris, A. PEDONE, Tome 119, no 1, 2015, p. 103. La clause vise à garantir que l'État hôte de l'investissement respecte les engagements contractuels auxquels il a souscrit à l'égard de l'investisseur. Elle permet de garantir une protection des accords passés entre État hôte de l'investissement et investisseur reçoivent une protection Internationale par le Traité Bilatéral d'Investissement (TBI). C'est pourquoi on les qualifie de *clauses de couverture*.

12. Voir la sentence Noble Ventures, Inc. v. Romania, ICSID Case No. ARB/01/11 (en ligne), disponible sur : https://jusmundi.com, (consulté le 22 juin 2025).

13. Voir Abdullah Al Faruque, Validity and Efficacy of stabilization clauses, *Journal of international arbitration* », 2006 vol.23, p. 326, et s.

14. Eduard Jimenez de ARECHAGA, «International Law in the Past Third of a century» *RCADI, 1978 vol.159, p.1.*

articuler les deux positions doctrinales sus évoquées, en intégrant le contexte spécifique du contrat et de l'intensité de la mesure étatique contestée prises.

130. La restitutio « *in integrum* », proposée par une partie de la doctrine, s'inscrit dans un idéal de réparation intégrale du préjudice en ce sens qu'elle vise à restaurer l'investisseur dans la situation initiale. Cela peut s'avérer pertinent dans les cas où la mesure étatique est temporaire ou réversible, comme par exemple un changement fiscal annulé, ou lorsqu'il est possible de restaurer les conditions initiales du contrat sans porter atteinte à la souveraineté de l'étatique.

131. Toutefois, cette limitation comporte ses limites pratiques et juridiques, notamment lorsqu'il s'agit de changements législatifs ou réglementaires irréversibles. Dans ces circonstances, exiger un retour à la situation antérieure reviendrait à contraindre le souverain dans l'exercice de sa souveraineté, ce qui est politiquement et juridiquement sombre être un exercice très délicat.

132.C'est pourquoi, la seconde position qui plaide en faveur d'une indemnisation intégrant non seulement le dommage subi, mais aussi le gain manqué, nous paraît logiquement plus adaptée aux réalités économiques des investissements à long terme, notamment dans les secteurs extractifs. La motivation de la clause de stabilisation étant de garantir la prévisibilité juridique et économique, dès lors, toute atteinte à cette prévisibilité prive l'investisseur de bénéfices escomptés sur la durée du projet.

133. Se limiter uniquement à ne réparer que la perte subie sans prendre en considération la rentabilité attendue du projet, pourrait vider substantiellement la clause de stabilisation de son contenu, et par conséquent de l'idéal de protection maximale recherchée par l'investisseur lors de son intégration au contrat.

134. Il est évident que l'articulation de la clause de stabilisation avec une clause de respect des engagements dite « *Umbrela Clause* », transpose la violation des stipulations contractuelles, et plus précisément la clause de stabilisation en une violation du traité. Cette violation engage la responsabilité internationale de l'État hôte devant le tribunal arbitral.

135. Ainsi, les arbitres qui statuaient dans l'affaire El Paso ont souligné que le traité bilatéral de protection des investissements conclu entre l'Argentine et les États-Unis que l' « *Umbrela Clause* » couvre la clause de stabilisation incluse dans le contrat[15] : « *Each party shall observe any obligation it may have entered into with regard to Investment*[16]»

136. Dans le même sciage, dans *l'affaire Transport adora de Gas del Norte (CMS) Gas Transmission Co. c. la République d'Argentine*, CMS a allégué que l'Argentine avait violé la norme de traitement juste et équitable et n'avait pas assuré une protection et une sécurité complètes à l'investissement[17], en particulier dans la mesure où

---

15. *Adam Mokrani,* « La clause de stabilisation dans les contrats pétroliers. », *Mediterranean Journal of Legal Research*, p. 9.

16. Voir notamment l'article 2-c du Traité bilatéral d'investissement conclu entre les États-Unis et l'Argentine, signé le 12 novembre 1991. Voir également, l'article *2-a)* : *« [l]es investissements doivent à tout moment bénéficier d'un traitement juste et équitable, jouir d'une protection et d'une sécurité complètes et ne doivent en aucun cas bénéficier d'un traitement moins favorable que celui requis par le droit international* ».

17. Voir la sentence dans l'affaire CMS Gas Transmission Co. v. Republic of Argentina, ICSID Case No. ARB/01/8, (en ligne), disponible sur : https://www.italaw.com/cases/288, (consulté le 20 juin

l'Argentine avait profondément modifié la stabilité et la prévisibilité de l'environnement d'investissement, dont la certitude était essentielle à la décision de CMS d'investir. Le tribunal a accepté la demande et a également estimé que l'Argentine avait violé la clause parapluie de l'article II, paragraphe 2.(c), du TBI, qui oblige l'Argentine à respecter : « *toutes les obligations qu'elle peut avoir contractées en matière d'investissements* »[18].

2025). Dans cette affaire, CMS, une société américaine, détenait une participation de 30 % dans TGN, une entreprise argentine de transport de gaz. Au moment de l'investissement, l'Argentine accordait à TGN le droit de fixer les tarifs en dollars américains, puis de les convertir en pesos au taux de change en vigueur, et d'ajuster les tarifs tous les six mois pour refléter les changements d'inflation. Ces droits étaient inscrits dans la loi argentine et dans la licence accordée à TGN pour une période de 35 ans (jusqu'en 2027). Au moment d'une grave crise économique en Argentine à la fin des années 1990, l'Argentine a d'abord suspendu temporairement, puis a mis fin définitivement au droit de TGN de fixer les tarifs en dollars américains ainsi qu'à son droit de procéder à des ajustements pour inflation. Le peso a été dévalué, le taux effectif étant de 3,6 pesos pour un dollar, tandis que les tarifs respectifs ont été dénombrés à un taux d'un (1) peso pour un dollar. Cela a entraîné une grande diminution des profits de TGN et une perte de valeur de TGN en tant qu'entreprise.

Le CMS a affirmé que les mesures en question violaient plusieurs des obligations de l'Argentine en vertu du BIT Argentine-US et a demandé une compensation de 261 millions de dollars américains (la valeur réduite de ses actions dans TGN, plus intérêts et frais). Le Tribunal a constaté des violations de la disposition sur le traitement juste et équitable et de la clause parapluie du BIT. Bien qu'aucune violation de la clause d'expropriation n'ait été établie, le Tribunal a appliqué le critère de la ''*valeur de marché juste*'' pour indemniser les pertes à long terme subies par l'investisseur en raison des mesures contestées. En application de ce critère et afin d'estimer la valeur perdue des actions de CMS dans TGN, le Tribunal a utilisé la méthode d'évaluation des flux de trésorerie actualisés (DCP). Le Tribunal a accordé 133 millions de dollars américains, plus intérêts.

18. *Ibid.*

137. Le tribunal a estimé que la licence du TGN (une entreprise argentine de transport de gaz, fait partie du groupe CMS) contenait deux clauses de stabilisation que l'Argentine a violé, à savoir : « *1) l'obligation de ne pas geler le régime tarifaire ou de ne pas le soumettre à des contrôles de prix ; 2) l'obligation de ne pas modifier les règles de base régissant la licence sans le consentement écrit de TGN* »[19].

138. Ainsi, La violation de ces conditions de licence a ainsi entraîné la violation de la clause parapluie du TBI. Par conséquent, il a été souligné par la jurisprudence arbitrale que la stabilité juridique du cadre de l'investissement est une condition essentielle du traitement juste et équitable.

§2. La protection des attentes légitimes de l'investisseur dans de la jurisprudence arbitrale

139. Sur le plan international, la jurisprudence a constamment affirmé et confirmé le principe de la validité des clauses de stabilisation et de leur opposabilité aux États hôtes de l'investissement[20].

140. En la matière, la sentence Texaco-Calasiatic rendue en 1977 a reconnu que la clause de stabilisation n'empiète en aucune manière sur la souveraineté normative de l'État hôte.

141. Le professeur Dupuy étant l'arbitre unique dans cette affaire considérait que : *« la reconnaissance par le droit international du droit de nationaliser ne suffit pas pour [habiliter l'État] à méconnaître ses engagements puisque le même droit reconnaît aussi la faculté pour un*

19. *Ibid.*

20. Deloitte, « la reconnaissance et l'efficacité des clauses de stabilisation dans les contrats miniers », *Revue juridique et fiscale d'Afrique Francophone*, N°3, Mars 2015, p. 3.

État de s'engager internationalement, notamment en acceptant l'insertion de clauses de stabilisation dans un contrat conclu avec une partie privée étrangère[21] *»*.

142. Une position similaire a été adoptée deux ans après par le tribunal arbitral statuant dans l'affaire AGIP-Congo, les arbitres ont motivé leur position par le fait que : « *les clauses de stabilisation qui ont été librement souscrites par le Gouvernement, n'affectent pas dans son principe sa souveraineté législative et réglementaire puisqu'il conserve l'une et l'autre à l'égard de ceux, nationaux ou étrangers avec lesquels ce Gouvernement n'a pas pris de tels engagements et qu'elles se bornent, dans le cas présent à rendre inopposables à l'égard de son cocontractant, les modifications aux dispositions législatives et réglementaires visées à l'accord*[22] ».

143. Cette décision part du postulat que l'État hôte dispose de sa souveraineté pour nationaliser ou légiférer, principe reconnu tant par le droit international que par le droit interne, sans que ce droit puisse justifier une violation des obligations contractuelles librement consenties.

144. L'argumentation repose sur le principe de cohérence juridique qui voudrait que le même ordre juridique qui reconnaît la souveraineté confère simultanément aux États la capacité de s'engager contractuellement, y compris par l'insertion de clauses de stabilisation. Ainsi, la capacité pour l' État de dispose de sa souveraineté ne le dispense pas de respecter ses propres engagements contractuels, ce qui illustre la primauté du

---

21. Affaire Texaco – Calasiatic : Oversas Petroleum Company/California Asiatic Oil Compagny c. Gouvernement de la République arabe de Libye, sentence rendue le 19 janvier 1977 par RENE JEAN-DUPUY, *JDI*, 1978, pp. 350-389.

22. AGIP SpA. c. République de Congo (ARB/77/1), sentence du 30 novembre 1970, *Rev. crit. DIP,* 1982, p. 92-123

« *pacta sunt servanda* » dans les relations contractuelles internationales.

145. Dans l'ordre juridique international, l'on observe, tant en doctrine qu'en jurisprudence, une plus grande acceptation de la théorie des droits acquis par rapport à la souveraineté législative de l'État d'accueil, confirmant ainsi l'efficacité de la clause de stabilisation[23].

146. Ainsi, en 1958, dans l'arbitrage ayant opposé l'Arabie Saoudite à la société Arab American Oil Company, il avait été soutenu que : « *[...] parce que l'État est souverain dans les limites de ses frontières, il possède juridiquement la faculté de conférer des droits qu'il s'interdit lui-même de retirer avant la fin de la concession, sous réserve des clauses de révocation contenues dans le contrat de concession. Rien ne s'oppose à ce qu'un État, dans l'exercice de sa souveraineté, se lie irrévocablement par des clauses d'une concession des droits irrétractables*[24] ».

147. Il résulte que la sentence arbitrale rendue dans l'affaire mentionnée, consacre le principe selon lequel l'État ne saurait porter atteinte aux *droits acquis* au titre d'une concession, par l'effet rétroactif d'une législation postérieure, sans engager sa responsabilité.

148. Dans un contexte où les rapports entre investisseurs et États oscillent entre coopération et tension, le droit international s'affiche désormais, comme un instrument de régulation visant à préserver l'équilibre contractuel.

---

23. Pour une vue d'ensemble de la problématique, Vor F.A. MANN, I. SEIGLHOHENVELDERN, P. LALIVE, G. HECKE, « Contrats entre États et personnes privées étrangères », *RBDI.*, 1975. 2- pp. 562-594.

24. Sangwani P. Ng'ambi Permanent Sovereignty Over Natural Resources and the Sanctity of Contracts, From the Angle of Lucrum Cessans, 12 Loy. U. Chi. *International Law Review*, 2015, p. 162.

§ 3. L'équilibre contractuel à l'épreuve du droit international

149. Par ailleurs, les clauses de stabilisation bénéficient également d'une certaine légitimation dans les instruments de « *soft law*[25] ».

150. Les Principes de l'OCDE sur la gouvernance des ressources naturelles[26] reconnaissent que les projets d'investissement ont le potentiel de contribuer au développement durable, s'ils sont régis par des « *contrats durables* », conformes à la stratégie de développement à long-terme de l'État hôte et « *optimisent la valeur totale tirée du développement des ressources pour l'ensemble des parties prenantes, notamment les retombées économiques, sociales et environnementales* ».

151. Plus généralement, l'OCDE recommande que les contrats soient : « *conformes à la législation en vigueur, ainsi qu'aux traités internationaux et régionaux applicables, et prévoient la possibilité pour les gouvernements des pays hôtes, d'introduire des*

---

25. Désigne un ensemble de règles, principes ou instruments qui ne sont pas juridiquement contraignants, mais qui influencent le comportement des acteurs de la scène internationale (entreprises, États, Organisations internationales) et peuvent orienter l'évolution des pratiques ou du droit dur.

26. Les principes directeurs pour des contrats extractifs durables énoncent huit principes, chacun assorti d'un commentaire, pouvant servir de référence commune aux gouvernements des pays hôtes et aux investisseurs pour la négociation future de contrats extractifs durables et mutuellement avantageux. Ils visent à fournir des orientations sur le contenu et la négociation de contrats, susceptibles de réduire les facteurs de renégociation et de proposer des dispositions évolutives et flexibles pouvant par exemple, s'adapter automatiquement aux conditions du marché.

modifications de bonne foi[27]*, non arbitraires et non discriminatoires dans la législation et la réglementation en vigueur, couvrant des domaines réglementaires non fiscaux et visant des objectifs légitimes d'intérêt général*[28]».

152. D'ailleurs, s'agissant des clauses de stabilisation, ces principes rappellent qu'elles ne sont pas forcément nécessaires pour attirer l'investissement des « *investisseurs aux capacités techniques et financières suffisantes* ». Toutefois, si un État considère qu'elles sont, en effet nécessaires, l'OCDE recommande que les clauses de stabilisation soient conçues de manière à minimiser leur impact sur la fiscalité générale en limitant leur application à certaines dispositions fiscales spécifiques et pour une durée précisée.

153. C'est pourquoi elle recommande en son principe sept ce qui suit : « *un régime fiscal prévisible incluant des dispositions adaptables définies dans la législation et/ou le contrat afin d'ajuster la répartition des gains financiers globaux entre les gouvernements de pays hôtes et les investisseurs en fonction des variables influant sur la*

---

27. La bonne foi est tout d'abord un critère d'interprétation, un critère d'évaluation des situations juridiques. L'origine se situe dans la distinction romaine des actions de droit strict et des actions de bonne foi. Les délits prétoriens sanctionnaient les atteintes à la bonne foi, notamment le dol et la fraude. Ainsi comprise, la bonne foi s'oppose au formalisme, au droit strict. Elle autorise le juge qui statue « *ex fide bona* » à apprécier un différend compte tenu de tous les éléments de fait de la situation. Elle l'invite à assouplir la rigueur du droit. La bonne foi est ensuite l'esprit de loyauté, d'honnêteté, de sincérité qui doit présider à l'élaboration et à l'exécution de tous les actes juridiques. La bonne foi s'oppose ainsi à la fraude, au dol. Elle exclut toute intention malveillante.

28. Sangwani Patrick NGAMBI, « Les clauses de stabilisation et leurs conséquences sur les droits humains et l'égalité des sexes », *Investment Treaty News,* 24 juin 2021.

rentabilité du projet (comme la variation des prix des matières premières, des coûts, du volume de production ou de la qualité des ressources) ».

154. Dans un contexte mondial instable, la stabilisation et la prévisibilité des investissements apparaissent comme des conditions essentielles à la promotion des investissements durables. La Conférence des Nations Unies sur le Commerce et le Développement[29] (« CNUCED ») propose un cadre qui vise à sécuriser les investissements tout en permettant aux États de poursuivre leurs besoins légitimes de développement[30].

155. Ce cadre encourage la mise en place d'un environnement juridique, institutionnel et économique stable, garantissant la prévisibilité des règles, notamment en matière fiscale, sociale et environnementale. Cette stabilité est essentielle pour attirer des investisseurs à long terme et rassurer les marchés[31].

156. Toutefois, la CNUCED souligne la nécessité d'éviter les clauses de stabilisation rigides

157., qui pourraient limiter la capacité des États à adapter leur législation en réponse aux enjeux sociétaux. Elle recommande plutôt des formes flexibles de stabilisation, permettant un équilibre entre sécurité juridique pour les investisseurs et souveraineté réglementaire[32] pour les États.

---

29. La CNUCED est un organe permanent de l'Assemblée générale des Nations Unies créé en 1964 dont le rôle est de favoriser l'intégration des pays en développement dans l'économie mondiale, promouvoir le commerce international et soutenir les politiques d'investissement et de développement durable.

30. Voir la « Collection de la CNUCED consacrée aux problèmes relatifs aux accords internationaux d'investissement II », Nations Unies, New York et Genève, 2011, p. 4.

31. *Ibid.*

32. *Ibid.*

158. Ces instruments appellent à une utilisation équilibrée des clauses de stabilisation, respectueuse à la fois des droits des investisseurs et du droit des États à réguler dans l'intérêt public, notamment dans des domaines comme la santé publique, la sécurité, l'environnement ou les droits humains.

Section 2 : L'évolution et la mise en œuvre du régime de stabilisation contractuelle en Guinée

159. La stabilisation en Guinée intègre d'abord un cadre communautaire qui consacre le principe de stabilité juridique applicable aux investissements miniers. La Directive de la CEDEAO constitue, à cet effet, l'instrument régional contraignant pour les États membres, visant à renforcer la sécurité juridique des investisseurs miniers.

160.A ce titre, l'article 7 de ladite Directive prévoit que : « *[...] Les négociations poursuivies dans le cadre de la conclusion du dudit Accord traiteront des questions relatives aux effets négatifs des changements intervenus dans la loi en vigueur, le montant et le paiement des royalties, taxes et droits sur l'importation d'intrants* [33]», et ledit Accord de stabilité devra faire l'objet d'une soumission au Parlement national ou à tout organe compétent de l'État membre aux fins de ratification, afin de lui conférer une valeur législative.

161. En Guinée, les clauses de stabilisation ont d'abord pris la forme de clauses de gel, interdisant toute modification du régime fiscal applicable aux titulaires de titres miniers, sauf lorsqu'elle leur était favorable. Ce modèle dominant dans les conventions minières de

33. Directive Minière de la CEDEAO n°C/DIR 3/05/09, *op. cit.*

première génération, a suscité de vives critiques[34]. Il est accusé de porter atteinte à la souveraineté fiscale des États, de freiner l'efficacité des réformes et d'aggraver le sentiment d'injustice parmi les contribuables, en raison de traitements fiscaux dérogatoires au profit des compagnies minières.

162. Contrairement au gel absolu de la législation consacré par les conventions minières de première génération, celles de la quatrième génération adoptent une orientation inverse. Cette évolution traduit à la fois les mutations des politiques nationales et les exigences croissantes du développement durable ainsi que de la gouvernance responsable.

163. Dans cette perspective, il apparaît essentiel d'examiner, à travers quelques conventions minières, l'évolution progressive du régime conventionnel en Guinée, afin d'en apprécier la diversité, les logiques sous-jacentes et les ajustements opérés entre impératifs de sécurité juridique et exigences de souveraineté étatique.

§ 1. L'évolution des mécanismes de stabilisation à l'aune des transformations politiques du pays

164.L'histoire des législations minières ainsi que celle du régime conventionnel, de 1958 à nos jours, illustre les mutations profondes du cadre de protection des investissements dans le secteur extractif guinéen. De la logique initiale de forte implication de l'État dans l'activité minière, au gel de la législation locale, marquée par une

---

34. Adoptés par les pays africains l'a été au cours des années 1980 et 1990 et avait pour objectif de permettre d'attirer/de capter les investissements miniers internationaux. Elle donnera lieu à une redéfinition du rôle de l'État et à une nouvelle délimitation entre les pôles d'autorités publics et privés.

forte protection des investisseurs, à l'émergence progressive de mécanismes plus équilibrés, témoigne des efforts de l'État guinéen à concilier l'attractivité économique avec souveraineté réglementaire et exigences de développement durable.

165.L'analyse de cette trajectoire met en évidence l'adaptation progressive de la législation minière, et plus particulièrement du régime de la prévisibilité de l'investissement minier, aux contextes politiques, économiques et sociaux du pays.

A. La période post-indépendance : prééminence de l'étatisation des activités économiques (1958–1984).

166. De 1958 à 1984, l'État a souffert d'un isolement diplomatique et s'est largement fermé aux investissements internationaux. Après l'indépendance en 1958, la Guinée, sous le régime post-indépendant, adopte une ligne politique marquée par le socialisme d'État, caractérisée par une centralisation de l'économie.

167. Dans le sciage de l'accession à l'indépendance, les dirigeants africains, y compris ceux de la Guinée, ont orienté leurs politiques vers le renforcement du secteur minier afin d'en faire un levier stratégique de développement économique et social du continent[35].

168. Dans les années 1960 et 1970, conformément à la question récurrente de la souveraineté nationale qui prévalait alors suite à la fin du colonialisme, la pensée dominante consistait à considérer que le développement ne

35. Union Africaine, « *Vision du Régime Minier de l'Afrique* », Février 2009, p.11.

pouvait être atteint que si l'État disposait d'une bonne part ou mieux, de la pleine propriété des compagnies minières[36].

169. De cette volonté d'étatiser l'activité minière, on a assisté à la création de sociétés publiques comme la Compagnie des bauxites de Guinée S.A (« CBG S.A ») en 1963, l'Office des bauxites de Kindia (OBK) en 1969, l'Arédor en 1978 pour le diamant à Banankoro, la construction de la seule et unique Usine d'Alumine dans la Préfecture de Fria en 1960, etc.

170. Ces entreprises, dans l'ensemble étaient constituées par une association d'investissements étrangers et de parts réservées à l'État.

171. Cette période est marquée par un régime conventionnel ou les contrats miniers étaient négociés au cas par cas, en absence d'un cadre législatif de référence, avec une forte participation de l'État au capital fixe entre 49 et 50%, sans contribution de numéraire et un régime de taxation peu incitatif[37].

172.À partir de 1984, le pays s'ouvre aux investissements étrangers. Le premier code minier a été adopté dans ce sciage par l'ordonnance n°076/PRG/86 du 21 mars 1986 (« Code minier de 1986 »). Inspiré par la volonté d'accélérer le développement économique, ce code minier a tenté de créer un environnement plus favorable aux investissements étrangers et de réduire l'implication de l'État dans le secteur minier[38].

173.L'adoption du Code minier de 1896, soutenue par la Banque Mondiale et le Fond Monétaire International[39]

36. *Ibid.*
37. BRABANT, Stéphane, MONTEMBAULT, Bertrand, « The Mining Law in Guinea », dans The Mining Law Review, 8e éd., Londres, *Law Business Research Ltd*, 2018, p. 116
38. *Ibid.*
39. *Ibid.*

(FMI), s'inscrivait dans le cadre d'un effort plus large de ces organisations visant à réduire les risques et les incertitudes liés aux investissements et à améliorer la situation financière dégradée de certains pays en développement dans le cadre de programmes d'ajustement structurel[40], dont la Guinée.

174.À la suite de l'adoption du Code minier de 1986, la Guinée a promulgué le Code des investissements par l'ordonnance n°001/PRG/87 du 3 janvier 1987. Ce texte avait pour objectif de rouvrir l'économie nationale au secteur privé, en garantissant l'égalité de traitement entre investisseurs étrangers et nationaux, la liberté de transfert des capitaux, y compris le rapatriement des bénéfices ainsi qu'une protection contre les mesures de nationalisation. Il a ainsi instauré un cadre favorable à l'attraction des investissements étrangers.

175. Le Code minier de 1986 a souvent été mis en avant comme un exemple de la première génération de politiques minières caractérisant la libéralisation économique des années 1980, décrite collectivement par la Banque Mondiale comme la « *Stratégie pour l'exploitation minière en Afrique* » dans son rapport de 1990, portant le même titre[41].

176.L'adoption du Code minier de 1986 s'inscrivait dans un tournant majeur de la politique économique guinéenne : le passage d'un modèle socialiste étatique, marqué par l'intervention massive de l'État, à une dynamique de libéralisation visant à attirer les capitaux privés. Cette mutation illustre l'influence des orientations économiques internationales des années 1980 et leur transposition dans le cadre national.

---

40. *Ibid.*
41. *Ibid., voir p. 117*

177. Le Code minier de 1986 a été perçu positivement par les investisseurs, mais n'a pas entraîné la hausse des investissements escomptée, en raison notamment de l'incertitude persistante concernant la participation de l'État dans le secteur minier

B. La transition vers la libéralisation des secteurs d'activité économique

178.C'est ainsi qu'en 1991, le pays a élaboré la Déclaration de Politique Minière (DPM), qui a abouti en 1995, à l'adoption du deuxième code minier. Élaboré dans la vague des réformes des années 1990 en Afrique, le cadre visait à désengager l'État du secteur (la participation de l'État doit être limitée entre 15 à 30 %) de la production au profit de la libéralisation.

179. En 1995, la loi n°L/95/036/CTRN/ du 30 juin 1995 (« Code minier de 1995 ») a été adoptée dans l'objectif de renforcer la transparence du secteur extractif, de réduire le pouvoir discrétionnaire de l'État et de clarifier l'étendue de sa participation dans les projets miniers. Ce texte visait également à garantir certains droits fondamentaux aux investisseurs, notamment la libre disposition des substances minérales, la possibilité d'exporter librement les biens et services, ainsi que d'autres prérogatives connexes[42].

180. Inscrit dans la dynamique des deuxièmes générations de codes miniers africains élaborés entre le début et le milieu des années 1990, le Code minier de 1995 traduisait la volonté de poursuivre les réformes de libéralisation et de privatisation, tout en intégrant progressivement des exigences accrues en matière sociale et environnementale.

---

42. *Ibid.*

181. Contrairement au Code minier de 1986, celui de 1995 a instauré un cadre juridique plus incitatif à l'investissement, en reconnaissant expressément la nécessité de sécuriser les investissements étrangers par l'introduction d'une clause de stabilisation fiscale et douanière. Celle-ci s'appliquait au bénéfice des entreprises titulaires d'un titre minier, permis de recherche, d'exploitation ou concession de substances minérales, ayant conclu une convention minière, et garantissait le maintien du régime fiscal et douanier en vigueur pendant toute la durée de validité de ladite convention, dans la limite de dix (10) ans pour les permis d'exploitation et de (25) vingt-cinq ans pour les concessions minières[43].

182. Le Code minier de 1986 offrait par ailleurs, la possibilité aux investisseurs, en cas d'évolution législative ou réglementaire plus favorable par ces derniers, de solliciter l'application du nouveau régime, sous réserve d'un accord spécifique avec l'État[44].

183. Bien que le Code minier de 1995 ait été accueilli favorablement par les investisseurs et ait contribué, dans un contexte marqué par la hausse des cours internationaux des matières premières, notamment le minerai de fer et l'or, à

---

43. Voir en ce sens, l'article 158 du code minier guinéen de 1995 qui dispose : *« [l]es entreprises titulaires du Titre de permis de recherches, d'exploitation ou de concessions de substance minières signataires d'une convention minière bénéficient de la stabilisation du régime fiscal et douanier en vigueur à la date de signature de la convention minière et ce pendant toute la période de validité de cette convention laquelle ne saurait excéder dix ans pour le permis d'exploitation et vingt-cinq ans pour la concession. Toutefois, en cas de modification plus favorable, les titulaires de Titres miniers visés au présent article pourraient à leur demande en bénéficier à des termes et conditions à convenir entre l'État et le titulaire demande ».*

44. *Ibid.*

une intensification des flux d'investissements étrangers dans le secteur extractif[45], et n'a pas échappé aux critiques. Celles-ci ont principalement porté sur l'insuffisance de son encadrement normatif, en particulier l'absence d'adoption de texte d'application que le Code lui-même prévoyait, notamment en ce qui concerne l'élaboration d'un modèle-type de convention minière.

C. Le régime de prévisibilité depuis 2011

184.À partir de 2011, la Guinée a engagé un vaste processus de réformes visant à faire en sorte que l'exploitation et la valorisation de ses ressources minérales répondent plus pleinement aux aspirations légitimes de la population.

185. Le Code minier de 2011 a opéré une révision substantielle à celui de 1995, et s'est distingué par des avancées, notamment en matière de stabilisation des régimes fiscaux et douaniers en faveur des titulaires de titres d'exploitation.

186. Le Code minier de 2011 à affiner et consolider l'architecture contractuelle applicable au secteur, confirmant ainsi la volonté du législateur de concilier attractivité du cadre normatif avec la préservation des intérêts stratégiques du pays[46].

---

45. *Ibid.*

46. Voir la loi L/2013/053/CNT du 8 avril 2013 qui modifie les articles 1, 19, 20, 21, 34, 37, 41, 88, 91, 94, 108, 109, 121, 125, 137, 138, 139, 150, 161, 162, 163, 166, 167, 168, 171, 172, 174, 176, 178, 179, 180, 181, 182, 206, 207, 208, 209, 211, 212 et 217 de la loi L/2011/006/CNT. Notamment, elle porte des modifications sur l'octroi de permis d'exploitation et recherche, traitement des transactions financières, expropriation et redevances.

187. La réforme du cadre légal et contractuel s'est poursuivie avec l'élaboration, par le ministère des Mines, d'un modèle type de convention minière[47]. Ce document de référence a pour objet de préciser plus clairement les droits et obligations respectifs des parties et d'assurer, au bénéfice du titulaire d'un titre minier, la stabilité des conditions qui lui sont offertes, notamment en matière de fiscalité, de douane et de réglementation des changes[48] tout en demeurant conforme aux dispositions impératives du Code minier de 2011.

188. Cette démarche d'uniformisation contractuelle répond à une double finalité : réduire les négociations menées au cas par cas et, ce faisant, renforcer la sécurité juridique des investisseurs, tout en promouvant une plus grande transparence dans la gouvernance et la gestion des ressources naturelles du pays. Ce mécanisme de réforme s'est poursuivi et a abouti par la mise en place, en 2016, de l'Initiative pour un développement minier responsable (IDMR)[49].

189. En outre, l'évolution du régime conventionnel en Guinée illustre de manière tangible, le principe de prévisibilité progressivement consacré et affiné par les

---

47. Le titre XIII du modèle de convention minière type reprend dans son intégralité les dispositions de l'article 182 L/2013/053/CNT du 8 avril 2013 portant Code minier de la République de Guinée. Voir en ce sens, le Décret D/2014/015/PRG/SGG portant adoption d'un modèle de convention minière type.

48. Voir le Rapport final Projet de révision de la législation minière de la République de Guinée, Agence française de Développement (AFD), juillet 2012, p.20/80.

49. Voir le Plan de Développement du Secteur Minier, Banque Mondiale, p. 2.

différentes politiques publiques ainsi que du cadre législatif successive qu'a connu le pays.

§ 2. Analyse des modèles de clauses de stabilisation dans les conventions minières guinéennes

190.L'examen des mécanismes de stabilisation intégrés dans les conventions minières guinéennes, en particulier dans le secteur de l'extraction de la bauxite et de sa transformation en alumine, révèle une pluralité d'approches juridiques en matière de stabilisation. Celles-ci traduisent des arbitrages différenciés entre, d'une part, la nécessité de garantir la protection des investissements privés et, d'autre part, l'impératif de préserver la capacité normative de l'État.

191.L'analyse permet de regrouper ces dispositifs en fonction de trois critères déterminants : leur degré de rigidité, leur durée d'application et leur degré d'ouverture aux réformes jugées favorables.

A. Typologie des modèles de stabilisation rigide et absolue

192. En Guinée, les modèles de stabilisation générale et absolue se retrouvent principalement dans les conventions minières dites de première et de deuxième génération. Ces régimes ont pour effet de neutraliser l'application de la loi nationale pendant toute la durée du projet, assurant ainsi aux titulaires de titres miniers une sécurité juridique maximale vis-à-vis des modifications législatives et réglementaires.

1. L'exemple de Guinea Alumina Corporation S.A

193. La Convention de base conclue entre la République de Guinée et Guinea Alumina Corporation S.A[50]

---

50. Il convient de souligner que la Convention de base conclue entre la République de Guinée et Guinea Alumina Corporation S.A, le 15 octobre 2004, ratifiée par l'Assemblée nationale de la Guinée à travers la loi L/2005/015/AN du 04 juillet 2005, modifiée par deux avenants signés respectivement les 16 mai 2005 et 24 novembre 2013 a été résiliée par l'État guinéen le 09 juillet 2025. Cette décision a été suivie de la révocation, le 04 août 2025 de la concession minière correspondante et le transfert à une nouvelle, Nimba Mining Company S.A., présentée comme une entité étatique. Le Groupe Émirati Global Aluminium (EGA), société mère et actionnaire unique de GAC S.A, a réagi face à la résiliation de sa convention de base, dans un communiqué de presse diffusé sur le site de GAC S.A, en qualifiant cette décision de l'État guinéen de résiliation « *sans justification valable* », et a déclaré que « *GAC S.A et EGA entendent défendre leurs droits devant les tribunaux internationaux compétents et obtenir réparation pour les préjudices subis* ». Faisant suite au retrait de sa concession minière, dans un autre communiqué en date du 05 aout 2025, publié sur le site de GAC S.A, le Groupe Émirati EGA a qualifié cette mesure « *[...] d'expropriation de fait des investissements d'EGEA en Guinée* », et de « *[...] violation fragrante des droits contractuels et légaux de GAC* ». La résiliation de la convention GAC S.A, suivie du retrait de son titre minier, constitue un développement majeur dans l'industrie extractive guinéenne. Cet épisode interroge l'effectivité et la portée des clauses d'intangibilité insérées dans les contrats miniers, censées garantir la stabilité et la sécurité juridique des investissements. Il relance, d'une part, le débat sur les tensions persistantes entre les garanties de protection offertes aux investisseurs et les prérogatives régaliennes de l'État dans l'exercice de son pouvoir souverain de contrôle et de gestion des ressources naturelles. D'autre part, il soulève la question, particulièrement sensible, de l'interprétation divergente des obligations contractuelles : tandis que GAC S.A soutien avoir honoré l'ensemble de ses engagements contractuels, l'État guinéen soutient le contraire. Cette divergence met en exergue la fragilité des équilibres contractuels et la difficulté d'assurer une lecture consensuelle des engagements miniers, condition pourtant essentielle à la pérennité et à la crédibilité des régimes de protection des investissements en Guinée.

(« GAC S.A»), constitue l'illustration la plus aboutie d'une stabilisation absolue, qui couvre le maintien des avantages économiques, financiers et des conditions fiscales et douanières et parafiscale, étendue à toute la durée du projet[51]. Ce dispositif se distingue par la faculté laissée à l'investisseur d'adopter à tout moment un régime plus favorable, y compris de manière temporaire, et d'en conserver les bénéfices[52]. Ce mécanisme, largement favorable à la partie privée, trouve son fondement dans la qualification du contrat comme intangible.

194. La clause de stabilisation insérée dans la convention conclue entre GAC S.A et la Guinée avait pour effet de rendre inopposables à l'investisseur, ainsi qu'à ses sous-traitants directs, toute modification législative ou

---

51. Convention de base conclue entre la République de Guinée et Guinea Alumina Corporation S.A, le 15 octobre 2004, et ses deux avenants signés respectivement les 16 mai 2005 et 24 novembre 2013, *op. cit.*, voir notamment l'article 32 : « *[l]'Investisseur et ses Sous-traitants directs ne seront assujettis pour les Activités du Projet, à aucun Impôt (y compris pour être précis les droits et taxes d'exportation, la taxe sur la valeur ajoutée et l'impôt sur les plus-values), qui ne soient pas expressément visés aux présentes.*
L'Investisseur et ses Sous-traitants directs bénéficient pour les Activités du Projet, en vertu de la présente convention, de la stabilisation du régime fiscal et douanier en vigueur à la date de signature des présentes (y compris les dispositions des présentes), et ceux pendant toute la durée de la présente convention ». et;
L'alinéa 2 du chapitre préliminaire de l'Annexe Comptable et Fiscale de la Convention conclue entre la République de Guinée et GAC S.A stipule : « *[c]omme il est indiqué dans l'article 1 de la Convention de base, les dispositions de la Convention prévoient de nombreuses dérogations à la Législation en vigueur (tel que ce terme est défini dans la Convention de base) et ces dérogations ayant toute force de loi, prévaudront pendant toute la durée de la Convention de base sur tout autre texte légal ou réglementaire, quelle que soit sa date* ».
52. *Ibid.*

réglementaire postérieure, en particulier dans les domaines fiscal, parafiscale et douanier .

195. Ce type de clause de stabilisation classique, appelé « *clause de gel* » ou encore « *freezing clause* », gèle la législation nationale du pays hôte dans l'état où elle se trouve à la date de la conclusion du contrat et, partant, de limiter l'exercice par l'État de sa compétence législative et réglementaire, en rendant difficile voire impossible toute évolution législative ou réglementaire contraire aux intérêts de l'investisseur[53]. Cette situation conduit à un déséquilibre contractuel structurel, compromettant la capacité de régulation publique à moyen et long terme.

2. Le modèle d'Harvey Aluminium Co. of Delaware

196. La pratique contractuelle consistant à geler le droit interne l'État hôte est également remarquée dans la Convention de base conclue en 1963, entre la République de Guinée et la société Harvey Aluminium Co. of Delaware, maison mère de CBG S.A. La clause de stabilisation qui y figure présente un caractère à la fois intégral et illimité dans le temps, couvrant non seulement la matière fiscale, douanière, mais également les prélèvements parafiscaux relatifs à l'ensemble des activités de la société sur le territoire guinéen. La clause centrale, formulée « *sans exception ni réserve* », interdit l'application de toute législation fiscale ou tous prélèvements parafiscaux postérieure, sauf accord exprès des parties. La clause de gel contenue dans la Convention base de CBG S.A produit ses

53. Sur la question spécifique du gel de la réglementation, Voir, Robert HOWSE, « Le gel de la politique gouvernementale : les clauses de stabilisation dans les contrats d'investissement », *in investment treaty news,* Numéro 3, Volume 1, Avril 2011, p. 3.

effets pendant toute la durée de validité de la convention, renouvelable dans les conditions d'origine[54].

197. La pratique consistant à consacrer un gel intégral et illimité du droit applicable apparaît aujourd'hui juridiquement compromettant pour la stabilité des relations contractuelles, dans la mesure où elle fige la relation contractuelle sur la base d'un cadre normatif ancien, parfois inadapté aux exigences contemporaines de gouvernance, de développement durable et de fiscalité équitable.

198. À l'instar des modèles de clauses de stabilisation figurant dans les conventions de base de GAC S.A[55] et de la CBG S.A[56] évoquées, issues des modèles types des conventions de la première génération, celles de la quatrième génération cherchent à concilier la protection des engagements contractuels avec la nécessité de réformes normatives. Elles introduisent, à cet effet, une limitation temporelle de la période de gel de la législation applicable,

---

54. La Convention de base entre la République de Guinée et Harvey aluminium Co, of Delaware, 1er octobre 1963, *op. cit.*, l'article 6 dispose : « *[...] Le Gouvernement accorde par la présente Convention à la Société, franchise complète de tous impôts, taxes fiscales ou para-fiscales, droits de prélèvement, centimes additionnels, droits de douane, droits d'entrée ou de sortie, redevances et autres charges de quelque nature que ce soit (qu'elles soient destinées au budget général ou à un budget régional ou au budget d'une collectivité locale ou au budget d'une administration publique quelconque) à l'exception de ce qui a été énuméré plus haut, et dans les limites de ce qui a été dit plus haut [...]», et* l'article 12 dispose *: « [...] la présente convention constituera donc le droit entre les deux parties, nonobstant toutes les modifications du droit interne, public, administratif ou privé, qui pourraient intervenir en Guinée, et ce, sans exception ni réserve* ».

55. La Convention de base conclue entre la République de Guinée et GAC S.A, *op. cit.*

56. La Convention de base entre la République Guinée et Harvey aluminium Co, of Delaware, *op. cit.*

reflétant une approche plus équilibrée entre sécurité juridique et souplesse légale et réglementaire.

B. Approches des régimes hybrides et évolutifs de stabilisation

199. Progressivement, de nouveaux modèles de stabilisation se dessinent, visant à concilier la sécurité juridique des investisseurs avec la flexibilité réglementaire nécessaire à l'État. Ces mécanismes hybrides et évolutifs cherchent à dépasser la rigidité des clauses classiques, en prévoyant des ajustements contractuels plus souples, susceptibles de s'adapter aux mutations économiques, politiques ou environnementales.

1. L'exemple de Bel Air Mining S.A

200. Contrairement aux conventions minières de la première et la deuxième génération, la convention de base conclue en 2016 entre la Guinée et Bel Air Mining S.A, adopte une approche hybride et temporellement délimitée. La stabilisation y est prévue pour une durée de quinze ans à compter de l'entrée en vigueur du contrat, offrant à l'investisseur la sécurité juridique sur cette période. Toutefois, cette formule hybride introduit également une flexibilité.

201.L'investisseur peut bénéficier des réformes favorables, tout en devant se conformer aux réformes défavorables, conformément au principe de non-sélectivité, qui assure un traitement équilibré des modifications législatives et réglementaires intervenant pendant la période de la stabilisation[57].

202. Ce mécanisme, portant principalement sur les dimensions fiscales, douanières et de changes, traduit un équilibre soigneusement recherché entre l'attractivité du cadre légal et réglementaire pour les investisseurs et la préservation du pouvoir normatif de l'État. Il vise à prévenir les pratiques de type droit d'option[58], tout en garantissant une sécurité juridique effective pendant la période de stabilisation.

Voir la Convention de base pour l'exploitation des gisements de bauxite entre la République de Guinée et Bel Air Mining S.A, 1er février 2016, *op. cit.* Sur la stabilisation du régime fiscal et douanier, l'article 33.1 de ladite convention stipule : « *[à] compter de la Date d'Entrée en Vigueur et pour une durée de quinze (15) ans, l'État garantit à la Société la stabilité des conditions fiscales, douanières et des changes applicables aux Activités du Projet et à la Société, telles que ces conditions résultent de la Convention à sa date de signature, et toute modification qui pourrait y être apportée le cas échéant. Il en résulte que tout changement du Droit Applicable qui aurait pour effet d'augmenter, directement ou indirectement, les charges fiscales ou douanières ou de restreindre les garanties au titre de la réglementation des changes de la Société, ne sera pas applicable à la Société sauf si la Société y a convenu. Et ;*

L'article 33.2. Par contre, la Société pourra valablement se prévaloir de telles modifications si celles-ci avaient pour effet de réduire ses charges fiscales et/ou douanières ou d'élargir le champ des garanties octroyées au titre de la réglementation des changes, sans pouvoir dans un tel cas refuser l'application de telle ou telle disposition de la modification en question qui lui serait défavorable, à l'exception toutefois des dispositions plus favorables qui pourraient exister à la date de la signature de la Convention, y compris celles qui pourraient être prévues dans le Code Minier ».

57. C'est ce mécanisme qui, en droit des investissements, désigne un mécanisme sélectif par lequel l'investisseur peut choisir d'appliquer uniquement les dispositions législatives ou réglementaires qui lui sont favorables, tout en écartant celles qui lui sont défavorable. On le retrouve très souvent dans les contrats miniers ou pétroliers.

2. **L'illustration de Dynamic Mining SARLU/International Gulf FZC**

203. La Convention de base signée entre la République de Guinée et Dynamic Mining SARLU en 2018[59], prolonge cette logique de compromis en proposant une stabilisation limitée 15 ans, articulée de manière souple avec Code minier de 2011.

204.L'investisseur peut donc adopter les réformes favorables, mais dans les limites prévues par les règles générales, sans bénéficier de clauses spécifiques de sélection ou d'exclusion. L'intérêt de ce dispositif réside dans son intégration au cadre normatif national tout comme la convention conclue entre la Guinée et Bel Air Mining en

---

58. Le droit d'option, dans les conventions minières, se traduit par la faculté pour l'investisseur de se prévaloir des dispositions législatives ou réglementaires les plus avantageuses applicables à son projet, tout en écartant celles susceptibles de restreindre ses droits ou d'imposer des obligations supplémentaires. Voir en ce sens, la Convention de base relative à l'exploitation des gisements de bauxite de Boké, conclue entre la République de Guinée, Dynamic Mining SARLU et International Gulf FZC, avril 2018, *op. cit.* Les stipulations de l'article 32 de cette convention dispose : « *[à] compter de la Date d'Entrée en Vigueur et pour une durée de quinze (15) ans, l'État garantit à la Société la stabilité des conditions fiscales et douanières et des changes applicables aux Activités du Projet et à la Société, telles que ces conditions résultent de la présente Convention et toute modification qui pourrait y être apportée. Il en résulte que tout changement du Droit Applicable qui aurait pour effet d'augmenter, directement ou indirectement, les charges fiscales ou douanières ou de restreindre les garanties au titre de la réglementation des changes de la Société, ne sera pas applicable à la Société. En cas de modifications futures de la Loi Applicable (y compris le Code Minier) qui seraient plus favorable à la Société que les dispositions prévues par cette Convention, la Société pourra bénéficier de ces dispositions favorables dans les conditions prévues par la Loi Applicable qui s'appliqueront pour toutes les Activités du Projet pendant toute la durée de la présente Convention* ».

2016, notamment le Code minier de 2011, ce qui favorise une meilleure cohérence d'ensemble.

3. **Le modèle de Chalco Guinea Compagny S.A**

205. La Convention de base conclue entre la République de Guinée et Chalco Guinea Compagny S.A, s'inscrit dans une logique de prévisibilité contractuelle renforcée qui fige également les dispositions applicables dans la limite de 15 ans. Ce mécanisme prévoit l'adoption automatique des normes plus favorables, tout en soumettant l'application des changements défavorables au consentement préalable des investisseurs appelés *Société de Projet*[60].

---

59. Voir la Convention de base conclue entre la société Chalco Guinea Compagny S.A, filiale du groupe Chinalco et la République de Guinée, signée le 8 juin 2018, *op. cit.* Les stipulations de l'article sur le régime fiscal stipulent comme suit : « *32.2. [l]'État garantit, pendant une durée de quinze (15) ans à compter de la Date d'Entrée en Vigueur, le maintien de la stabilité des conditions fiscales, douanières et des changes applicables aux Activités du Projet, telles que ces conditions résultent de la Convention à la Date de Signature (la « Période de Stabilisation »).*

32.3. *Pendant toute la Période de Stabilisation, tout changement du Droit Applicable qui aurait pour effet d'augmenter, directement ou indirectement, les charges fiscales ou douanières par rapport à celles résultant de l'Annexe 1 (Régime fiscal et douanier), ou de restreindre les garanties en matière des changes par rapport à celles résultants de la présente Convention, ne sera pas applicable sauf si les Sociétés de Projet y ont consenti.*

32.4. *À l'inverse, l'Investisseur et les Sociétés de Projet pourront valablement se prévaloir de tout changement du Droit Applicable qui aurait pour effet d'alléger les charges fiscales ou douanières ou d'élargir le champ des garanties octroyées en matière des changes par rapport à celles résultant de la présente Convention.*

4.3. *La présente Convention a également pour objet de garantir aux Sociétés de Projet, dans la limite des termes et conditions qu'elle énumère expressément, la stabilité du régime fiscal, douanier et de changes applicables au Projet Boffa* ».

206.L'évolution des pratiques contractuelles en Guinée en matière de prévisibilité, surtout pour les conventions conclues à l'aune des code miniers de la première génération, révèle une tension persistante entre la nécessité de garantir un environnement sécurisé aux investisseurs miniers et celle de préserver la souveraineté normative de l'État.

207. Les expériences passées, marquées par des stabilisations absolues et illimitées, figeant le droit applicable sur des décennies, voire indéfiniment, se sont traduites par un déséquilibre structurel au détriment de l'État, l'empêchant d'adapter son droit fiscal, douanier, environnemental ou social aux mutations économiques et aux impératifs de développement durable.

208.À l'inverse de cette logique figée, les réformes contractuelles plus récentes en Guinée ont amorcé une inflexion vers des modèles hybrides, modulant la stabilisation dans le temps et intégrant davantage le droit positif comme socle de référence.

209.L'analyse illustrative des clauses de stabilisation dans les conventions minières guinéennes étudiées révèle une évolution du droit conventionnel, d'un modèle rigide vers des dispositifs plus modulés, rééquilibrant progressivement les intérêts des parties en présence.

Conventions minières	**Référence**	**Durée de stabilité**	**Champs couverts**	**Droit d'option**
Guinea Alumina Corporation S.A, (Global Alumina, Concession, 2004).	Articles : 22 et 32	Toute la durée du Projet	Régimes fiscaux, douaniers, de change et parafiscaux,	Applicable aux changements favorables, tout en excluant l'applicati

				on de toute législation défavorable.
Bel Air Mining, Alufer Mining Limited, Concession, 2016	Article 33	15 ans, à compter de la date d'entrée en vigueur de la convention	Régimes fiscales, douanières et des changes	Applicable aux dispositions favorables, tout en maintenant l'effet des dispositions défavorables, sans sélectivité
Harvey Aluminium Co. of Delaware (Compagnie des Bauxites de Guinée S.A, 1963)	Articles 6 et 12	Toute la durée du Projet	Régimes fiscaux, douaniers, de change et parafiscaux	Non expressément visée, mais demeure applicable dans la pratique en Guinée
Dynamic Mining, International Gulf ZFC, Exploitation Permit/License, 2018.	Article 34	15 ans, à compter de la date d'entrée en vigueur de la convention	Régimes fiscaux, douaniers et de change	Applicable aux changements favorables, tout en excluant l'application de toute législation

				défavorabl e
Chalco Guinea Company S.A, Société Portuaire, Chalco Hong Kong Limited, Convention Minière, 2018.	Article 32	15 ans, à compter de la date d'entrée en vigueur de la conventi on	Régimes fiscaux, douaniers et de change	Applicable aux changeme nts favorables , tout en excluant l'applicati on de toute législation défavorabl e

Clauses de stabilisation dans les conventions minières guinéennes (septembre 2025).

210. Au terme de l'analyse des fondements, de l'évolution et du régime juridique des clauses de stabilisation dans le contexte spécifique du secteur minier guinéen, il apparaît désormais nécessaire d'élargir la réflexion aux exigences d'un équilibre entre, d'une part, l'impératif de sécurisation juridique des investissements et, d'autre part, l'impératif de la préservation des prérogatives législatives et réglementaires de l'État hôte en matière de régulation de l'exploitation de ses ressources naturelle.

DEUXIÈME PARTIE :

LA CLAUSE DE STABILISATION FACE À LA SOUVERAINETÉ NORMATIVE DE L'ÉTAT : PERSPECTIVES POUR UN ÉQUILIBRE CONTRACTUEL

211.L'on ne serait mieux traité la question de la protection des investissements dans le secteur extractif sans évoquer une autre norme du droit international, située à la croisée du droit international public et du droit des investissements. Cette norme, qui se rattache à l'impératif de sécurisation des investissements, a trouvé un écho particulier dans les législations des pays en développement, notamment en Guinée.

212. Consacré notamment par la Résolution 1803 (XVII) de 1962 de l'Assemblée Générale des Nations Unies[1], le principe de la souveraincté permanente de l'État sur les ressources naturelles (« PSPRN ») est l'une des normes du droit international contemporain les plus controversées[2].

---

1. Voir *N-U, Résolution 1803(XVII), op. cit.*

2. En raison de sa nature duale et les tensions qu'il génère entre les États qui revendiquent constamment un pouvoir absolu de gestion et d'exploitation leurs ressources naturelles et les investisseurs étrangers à la recherche de protection maximale de leurs

213. Fondée sur des éléments du droit international classique, la souveraineté permanente concerne actuellement plusieurs domaines comme le droit des investissements, le droit du commerce international, le droit international privé ainsi que le droit de l'environnement et les droits de l'homme[3].

214. En effet, dès 1962, l'Assemblée Générale des Nations Unies a reconnu comme principe de droit international le fait que :« *l'État décide, en dernière instance, et en toute indépendance, du sort des ressources naturelles qui se trouvent sur son territoire et des activités économiques qui s'y exercent* », sur lesquelles il dispose des « *pouvoirs souverains permanents, constants, exécutifs et inaliénables*[4]».

215. Reconnue comme un principe du droit international, la souveraineté permanente sur les ressources naturelles peut être définit comme la notion selon laquelle : « *l'État décide en dernière instance et en toute indépendance du sort des ressources naturelles qui se trouvent sur son territoire et des activités économiques qui s'y exercent*[5] ».

---

investissements pour parer à ce pouvoir de l'État hôte. Il se trouve au carrefour du droit international public, du droit des investissements, du droit de l'environnement et tente de concilier la souveraineté des états, la protection des investissements et les exigences de développement durable. Pour plus d'informations, voir M. Schrijver, Sovereignty over Natural Resources: Balancing *resources – Balancing rights and duties*, Cambridge University, Press, 24 juil. 1997, part I, p. 1.

3. Voir Leticia Sakai. La souveraineté permanente sur les ressources naturelles et la protection internationale des Droits de l'Homme. Droit. Université Panthéon-Sorbonne - Paris I; Universidade de São Paulo. Faculdade de Direito, 2014. Français. NNT : 2014PA010291. tel-01523109, p. 20.

4. Voir *N-U, Résolution 1803(XVII), op. cit.*

5. SALMON, J., *Dictionnaire de droit international public*, Bruxelles, Bruylant, 2001, p. 1046.

À ce titre, l'État dispose donc des *pouvoirs souverains permanents, constants, exclusifs et inaliénables* sur ces ressources naturelles et les activités économiques y reliées dans les sphères de son territoire.

216. Il en découle de ce principe que la souveraineté confère à l'État certains droits, entre autres, le droit de contrôler et de réglementer, le droit d'exploiter et de prospecter librement, ou encore le droit de disposer, de mettre en valeur, mais aussi le droit de faire appel à des investissements étrangers, ainsi que le droit de nationaliser et d'exproprier[6].

217. Reconnu par le droit international comme tributaire de la souveraineté étatique, le droit de l'État de disposer librement de leurs ressources naturelles est une expression directe et manifeste de la souveraineté permanente de l'État. Ce pouvoir, de nature régalienne, confère à l'État la compétence exclusive pour légiférer, réguler et encadrer l'exploitation de ses richesses naturelles en fonction de ses choix et priorités économiques, sociales et environnementales.

218. Il est constamment admis que toute réflexion sur la portée des clauses de stabilisation ne saurait faire abstraction d'un principe fondamental du droit international et constitutionnel, notamment la souveraineté permanente de l'État sur ses ressources naturelles.

219. Le chapitre suivant s'attache ainsi à analyser les fondements, les manifestations et les limites de cette souveraineté normative, afin d'en évaluer l'incidence sur les engagements contractuels conclus avec les investisseurs étrangers, notamment dans le secteur extractif.

---

6. Voir KISALYA SAMUEL*:* « la souveraineté permanente sur les ressources naturelles : un domaine réserve de l'État ? », *International Multilingual Journal of Science and Technology (IMJST*), Vol. 8 Issue 3, March 2023, p. 5933.

CHAPITRE 3

Les fondements juridiques de la souveraineté permanente de l'État sur les ressources naturelles

220. Consacrée par les résolutions des Nations Unies, notamment la Résolution 1803 (XVII) sur la souveraineté permanente sur les ressources naturelles, la souveraineté normative de l'État constitue un principe fondamental du droit international, ancré dans l'arsenal juridique des États.

Section 1 : La reconnaissance internationale et régionale du principe de souveraineté permanente sur les ressources naturelles

221.C'est dans le secteur pétrolier et sur le continent Sud-américain que le mouvement tendant à l'affirmation par les États de leur souveraineté sur les ressources naturelles a vu jour[1]. Dès 1938, l'État mexicain initia un vaste mouvement de nationalisation touchant plusieurs compagnies pétrolières étrangères opérant sur son territoire[2].

1. LAURIOL Thierry et RAYNAULD Émilie, *op. cit.,* voir p. 69
2. *Ibid.*

222. Cette dynamique de réappropriation souveraine s'étendit ultérieurement à d'autres pays producteurs, notamment le Venezuela, qui, dès 1948, sous l'impulsion de son ministre du Développement, M. Pérez Alfonso, imposa le principe d'un partage équitable des profits issus de l'exploitation pétrolière, instituant une répartition paritaire entre l'État et les sociétés concessionnaires étrangères[3].

223. Ce modèle dit du « *fifty-fifty* » fit école, jusqu'à ce que l'accession au pouvoir du colonel Kadhafi, consécutive au renversement du roi Idriss en 1969, marque une inflexion majeure : la Libye obtint alors, dans le cadre d'une renégociation unilatérale, une part majoritaire des revenus pétroliers, soit 55 %, consacrant ainsi la remise en cause du principe d'égalité dans le partage des bénéfices au profit d'un rééquilibrage en faveur de la souveraineté économique de l'État hôte[4].

224. La volonté des États détenteurs de ressources naturelles d'assurer un contrôle plein et entier sur la gestion de leurs ressources naturelles et d'en maximiser leur rendement a conduit à l'apparition des premières entreprises pétrolières nationales telles qu'ARAMCO en Arabie Saoudite, SONATRACH en Algérie, ou encore PEMEX au Mexique[5].

225. Parallèlement à cette dynamique historique, le processus de décolonisation a largement contribué à l'affirmation du principe de souveraineté des États sur leurs ressources naturelles.

226. À l'aube de leur indépendance politique, les États nouvellement souverains d'alors, dont la Guinée, ont

---

3. *Ibid.*
4. Ibid.
5. Ibid., voir p. 70.

manifesté une volonté marquée de consolider leur autonomie économique et de contrôler directement l'exploitation de leurs richesses naturelles.

227. Dans ce contexte, le PSPRN, consacré par la Déclaration des Nations unies sur le droit de développement et réaffirmé par la Résolution 1803 (XVII) de l'Assemblée générale de 1962, est apparu comme un instrument juridique essentiel[6].

228. Le droit onusien a consacré le PSPRN à travers plusieurs résolutions. Ce principe, dont l'influence dépasse largement le cadre des Nations Unies, s'est progressivement imposé comme une norme de droit international coutumier, constituant un droit inaliénable et permanent, qui offre aux États la capacité juridique de promouvoir leur indépendance économique, et par conséquent de contrôler l'exploitation de leurs ressources naturelles dans le respect de leur souveraineté[7].

§ 1. L'incorporation et la consécration interne du PSPRN

229. Adoptée à une majorité de quatre-vingt-sept voix contre deux, avec douze abstentions, l'Assemblée générale des Nations Unies a solennellement consacré, par sa résolution 1803 (XVII) du 14 décembre 1962, le PSPRN[8]. Considérée comme un élément fondamental du droit sacré

6. *Ibid.*

7. Jeantet et AARPI, *op. cit.*, p. 17.

8. Voir paragraphe 1 de la résolution 1803 (XVII) de l'Assemblée générale des Nations Unies, adoptée le 14 décembre 1962. Cette résolution établit le principe de la souveraineté permanente des États sur leurs ressources naturelles. Cette résolution souligne que les États ont le droit de réglementer l'exploitation de leurs ressources naturelles dans l'intérêt de leur développement national et du bien-être de leur population.

des peuples et des nations à disposer d'eux-mêmes, le paragraphe premier de cette Résolution affirme que : «*[...]Le droit de souveraineté permanente des peuples et des nations sur leurs richesses et leurs ressources naturelles doit s'exercer dans l'intérêt du développement national et du bien-être de la population de l'État intéressé*[9] ».

230. Reconnue comme un principe du droit international, la souveraineté permanente sur les ressources naturelles se définit comme suit : « *L'État décide en dernière instance et en toute indépendance du sort des ressources naturelles qui se trouvent sur son territoire et des activités économiques qui s'y exercent* ». L'État dispose donc : « des *pouvoirs souverains permanents, constants, exclusifs et inaliénables » sur ses ressources naturelles et les activités économiques y reliées*[10] ».

231. Le paragraphe 2 de la Résolution 1803 consacre le droit de regard du peuple sur la gestion des ressources naturelles[11] : *« La prospection, la mise en valeur et la disposition de ces ressources, ainsi que l'importation des capitaux étrangers nécessaires à ces fins devraient être conformes aux règles et aux conditions que les peuples et nations considèrent en toute liberté comme nécessaires ou souhaitables pour ce qui est d'autoriser, de militer ou d'interdire ces activités*[12]».

232. Ce droit de regard peut être considéré comme un précurseur de l'obligation de faire participer le peuple à la

9. *Ibid.*
10. Voir Leticia SAKAI, *op. cit.*, voir p. 20.
11. Voir paragraphe 2 de la Résolution 1803 (XVII) (8), *op. cit.*
12. *Ibid.*

gouvernance de ces ressources et dont la forme la plus élaborée est portée actuellement par la Norme ITIE[13].

233. Le PSPRN est ainsi consacré comme un droit inaliénable et permanent de nature à favoriser l'indépendance économique des États : « *la reconnaissance du droit inaliénable qu'a tout État de disposer librement de ses richesses et de ses ressources naturelles, conformément à ses intérêts nationaux et dans le respect de l'indépendance économique des États* ».

234. La résolution prévoit que le droit à la souveraineté permanente sur les ressources naturelles doit s'exercer dans l'intérêt des populations de l'État en cause.

235. La souveraineté permanente confère les pouvoirs de « *dominium* » et d'« *imperium* » à l'État sur ses ressources naturelles. Ce qui, de facto, traduit son caractère « *exclusif* », « *constant* » et « *permanent* ». Ces attributs fondamentaux, oscillant notamment entre l'« exclusivité » et la « plénitude » des compétences, conduisent logiquement à l'idée d'un domaine uniquement réservé à la compétence souveraine de l'État.

236.S'agissant du pouvoir de « *dominium* » celui-ci désigne l'autorité exercée par l'État sur les ressources naturelles présentes sur son territoire, envisagées en tant que *choses*[14]. Ainsi, le pouvoir de « *dominium* » confère à l'État des droits de nature « *réelle* », similaires aux droits d'un propriétaire sur ses biens, tels que le « *droit de disposer* » de ses ressources.

---

13. Voir Hengelela, J. C., & Ekila, N. D. (2020). Les implications du principe de la souveraineté permanente de l'État sur les ressources naturelles sous l'empire de la Constitution du 18 février 2006 en République Démocratique du Congo. *Recht in Afrika—Law in Africa—Droit en Afrique*, 8 Sep. 2023, p. 80.

14. SALMON, J., *op. cit.*, voir p. 358.

237. Dans l'exercice normale de son pouvoir de « *dominium* » sur les ressources naturelles, l'État peut concéder certains des droits qui y sont attachés, par exemple le droit de propriété ou le droit d'exploitation et de jouissance, à un autre État ou à des particuliers nationaux ou étrangers.

238. Quant au pouvoir d'*imperium*, il constitue un « *pouvoir de commandement* », d'« *autorité suprême* », qui découle de la notion de souveraineté elle-même. Il qualifie le pouvoir exercé par l'État sur les personnes et les choses qui se trouvent sur son territoire en tant que « *puissance publique* » (*summa potestas*). Ce pouvoir investit l'État de l'autorité suprême sur les ressources naturelles qui se trouvent sur son territoire.

239. Les actes de puissance publique sur ces ressources ne sont soumis à aucun autre pouvoir de même nature. C'est justement en raison du pouvoir d'imperium que la souveraineté de l'État sur les ressources naturelles est qualifiée de « *permanente*[15] »

240. En outre, la résolution 1803 précise que les bénéfices accordent une large discrétion aux États s'agissant de la prospection des ressources, leur mise à disposition et l'importation de capitaux étrangers. En effet le PSPRN veut que l'accès aux investissements soit laissé à l'entière discrétion de l'État en cause[16].

241. Domaine réservé de l'État, le PSPRN s'est affirmé comme l'un des principaux corolaires du droit des peuples à disposer d'eux-mêmes[17], et lui confère le droit de contrôler et de réglementer ses ressources naturelles. Le droit d'exploiter librement ses ressources naturelles confère

---

15. Leticia Sakai, *op. cit.,* voir p. 21.
16. LAURIOL Thierry et RAYNAULD Émilie, *op.cit.*, voir p. 73.
17. Leticia Sakai, *op. cit.*, voir p. 23.

à l'État le droit d'exploitation et d'utilisation de ses richesses et ressources naturelles lorsqu'il le juge convenable pour son progrès et son développement économique[18].

242.À l'inverse, l'État dispose également du droit de ne pas exploiter ses ressources naturelles.

243.Dès 1966, le PSPRN a été consacré par le biais des deux Pactes internationaux relatifs aux droits économiques, sociaux et culturels. Ces instruments prévoient que : « *tous les peuples peuvent disposer librement de leurs richesses et de leurs ressources naturelles* » et réaffirme le « *droit inhérent de tous les peuples à profiter et à user pleinement et librement de leurs richesses et ressources naturelles*[19] ».

244. Deux ans plus tard, ce principe dépasse le cadre onusien et trouve confirmation au sein de l'Organisation des pays exportateurs de pétrole (OPEP), laquelle réaffirme le droit inaliénable des États d'exercer leur souveraineté permanente sur leurs ressources naturelles afin de poursuivre leur développement économique et social[20].

---

18. Résolution 626 de l'Assemblée générale des Nations Unies (VII) du 21 décembre 1952, §1.

19. Voir notamment l'article 1, §2 des deux Pactes internationaux de 1966 (PIDCP et PIDESC).

20. Voir la résolution OPEP XVI.90, adoptée le 24 juin 1968, est une Déclaration générale des principes de la politique pétrolière des pays-membres. Elle constitue une étape majeure dans l'évolution des relations entre les États exportateurs et les compagnies pétrolières internationales. Cette résolution marque un tournant dans la montée en puissance des pays producteurs pour exercer leur souveraineté permanente sur les ressources naturelles, conformément à la résolution 1803 de l'ONU (1962). La Résolution XVI.90 instaure un cadre politique clair, invite les pays de l'OPEP à renforcer leur contrôle sur les hydrocarbures via l'exploration directe ou la participation dans les concessions, au nom de leur souveraineté nationale et des circonstances économiques évolutives. Une fondation essentielle pour la reconfiguration de l'industrie pétrolière mondiale à l'ère postcoloniale.

245. Le PSPRN a été réaffirmé dans la Déclaration de Stockholm de 1972[21], adoptée à l'issue de la Conférence des Nations Unies sur l'environnement. En 1974, ce principe a été de nouveau consacré au sein du cadre onusien par la Charte des droits économiques et devoirs des États du 12 décembre 1974, qui stipule que chaque État exerce une souveraineté pleine, entière et permanente sur ses richesses naturelles, ses ressources ainsi que sur l'ensemble de ses activités économiques. Cette souveraineté englobe le droit exclusif de posséder, d'exploiter, de réglementer et de disposer de ces ressources conformément aux priorités nationales[22].

246. Ce principe est également consacré par la Convention de Vienne sur la succession des États en matière de traités de 1978, laquelle prévoit : « *Rien dans la présente Convention n'affecte les principes du droit international affirmant la souveraineté permanente de chaque peuple et de chaque État sur ses richesses et ses ressources naturelles*[23]».

247. Par ailleurs, les États africains nouvellement indépendants, en quête de souveraine économique pour une véritable assise de leurs indépendances politiques s'en sont appropriés de la notion du PSPRN, décliné en des instruments juridiques.

---

21. Le principe 2 de la Déclaration de Stockholm de 1972 stipule que les États ont le droit souverain d'exploiter leurs propres ressources naturelles conformément à leur politique environnementale et de développement, mais ils ont également le devoir de veiller à ce que les activités menées dans leurs juridictions ou sous leur contrôle ne causent pas de dommages à l'environnement dans d'autres États ou dans des zones ne relevant d'aucune juridiction nationale.
22. Voir la résolution 3281 (XXIX) de l'assemblée générale charte des droits et devoirs économiques des États.
23. Voir notamment l'article 13 de la Convention de Vienne sur la succession d'États en matière de traités 1978.

§2. La reconnaissance continentale et communautaire du PSPRN

248. Au-delà du cadre onusien, le PSPRN s'est progressivement imposé dans les instruments juridiques régionaux et communautaires, traduisant une volonté collective d'en consacrer la portée normative générale de ce principe sacro-saint du droit coutumier international.

A. Au niveau africain

249. Matérialisant ce principe à leur tour, les États africains vont le reprendre dans la Charte africaine des droits de l'homme et des peuples (CADHP) à son article 21 qui dispose : « *1. Les peuples ont la libre disposition de leurs richesses et de leurs ressources naturelles. Ce droit s'exerce dans l'intérêt exclusif des populations. En aucun cas, un peuple ne peut en être privé.* 2. *En cas de spoliation, le peuple spolié a droit à la légitime récupération de ses biens ainsi qu'à une indemnisation adéquate.* 3. *La libre disposition des richesses et des ressources naturelles s'exerce sans préjudice de l'obligation de promouvoir une coopération économique internationale fondée sur le respect mutuel, l'échange équitable, et les principes du droit international. 4. Les États parties à la présente Charte s'engagent, tant individuellement et collectivement, à exercer le droit de libre disposition de leurs richesses et de leurs ressources naturelles en vue de renforcer l'unité et la solidarité africaines. 5. Les États parties à la présente Charte s'engagent à éliminer toutes les formes d'exploitation économique étrangère, notamment celle qui est pratiquée par des monopoles internationaux afin de permettre à la population de chaque pays de bénéficier* *pleinement des avantages provenant de ses ressources nationales*[24].

250. La CADHP consacre ainsi le droit des peuples à disposer librement de leurs richesses et ressources naturelles. Ce droit a fait l'objet d'une interprétation fondamentale dans l'affaire Social and Economic Right Action Center (SERAC) et Center for Economic and Social Right c/Nigeria, décision rendue en 2001 par la Commission africaine des droits de l'homme et des peuples (communication n°155/96)[25].

251. Dans cette affaire, les requérants soutenaient que le gouvernement nigérian avait violé les droits des populations de l'ethnie Ogoni en permettant à une entreprise pétrolière, un consortium dont l'État était actionnaire majoritaire, d'exploiter les ressources pétrolières du territoire Ogoni sans consultation préalable des communautés locales, ni compensation adéquate, et sans tenir compte des impacts environnementaux et sociaux graves causés par cette exploitation.

252. La Commission a, dans sa réponse, pu préciser l'origine et le sens de l'article 21 de la Charte en énonçant que : « *En conséquence de l'exploitation coloniale, les populations et les ressources précieuses de l'Afrique ont été laissées encore plus vulnérables au détournement étranger des ressources naturelles. La protection des ressources naturelles constitue donc un intérêt fondamental pour le développement de tous les peuples africains* ».

253. La Commission africaine, dans cette affaire, a interprété l'article 21 de la Charte comme consacrant une

---

24. Voir notamment l'article 21 alinéa 1 de la charte africaine des droits de l'homme et des peuples qui consacrent, 1981.

25. Voir the case Social and Economic Rights Action Center (SERAC) and Center for Economic and Social Right (CESR) c. Nigeria (Communication No. 155/96).

obligation de l'État de protéger les peuples contre l'exploitation abusive de leurs ressources naturelles, en assurant leur participation, leur protection contre les atteintes environnementales et la répartition équitable des bénéfices issus de l'exploitation[26].

254. Bien que cette affaire aborde sous l'angle des droits des peuples, à la protection environnementale, à la participation sociale et à la répartition équitable des bénéfices tirés de l'exploitation des ressources naturelles, elle met tout même en lumière la dimension juridique et sociale de la souveraineté de l'État sur les ressources naturelles dans le contexte africain.

B. Au niveau communautaire

255. La Directive de la CEDEAO adoptée en 2009, sur l'harmonisation des principes directeurs et des politiques dans le secteur minier créé un cadre juridique pour régir les opérations minières sur son territoire. Cette directive énonce les principes directeurs concernant notamment la propriété de la gestion des ressources naturelles, la préservation et protection de l'environnement, la protection des droits des communautés locales, la protection de l'intérêt national et l'accès à l'information minière.

256. La Directive de la CEDEAO a été complétée en 2012 par un acte additionnel[27] adoptant la politique de développement des ressources minérales au sein de l'espace géographique de la CEDEAO et son plan d'action.

---

26. *Ibid.*

27. 40ième sessions ordinaires de la Conférence des Chefs d'État et de Gouvernement, du 16-17 février 2012. Acte additionnel A/SA.18/02/12 portant adoption de la politique de développement des ressources minérales de la CEDEAO (PDRMC).

257. Il est expressément rappelé dans la Directive de la CEDEAO[28] que, les ressources naturelles contenues dans le sol et le sous-sol constituent la propriété exclusive de l'État et doivent être gérées dans l'intérêt des peuples des États membres[29] et l'exploitation de ces ressources est subordonnée à la prise en compte impérative de la préservation de l'environnement ainsi que des droits et intérêts des communautés locales[30].

---

28. Voir la Directive C/DIR 3/05/09 de la Communauté Économique des États de l'Afrique de l'Ouest (CEDEAO), du 27 mai 2009, portant sur l'harmonisation des principes directeurs et des politiques dans le secteur minier. Cette directive vise à établir un cadre conceptuel harmonisé pour ce secteur au sein de l'Union, en se basant sur des normes, pratiques et standards internationaux, *op. cit.* Les Directives ont une force obligatoire à l'égard des États membres de la CEDEAO, les modalités de mise en œuvre de leurs objectifs étant laissées à l'appréciation desdits États. Aux termes de l'article 9 de l'Acte additionnel A/SA.3/01/10 portant amendement de l'article 9 nouveau du Traité de la CEDEAO, tel qu'amendé par le Protocole additionnel A/SP.1/06/06 : « *Les directives sont des actes par lesquels la Conférences ou le Conseil fixe aux États membres des objectifs à atteindre, en laissant à chacun d'eux la liberté de décider des modalités de réaliser ces objectifs. Les directives sont des Actes obligatoires pour les États* ».

29. *Ibid.*, voir en ce sens, l'article 3.1 qui dispose : « *[t]oute substance minérale à l'État naturel dans le sol, le sous-sol ou à la surface du sol d'un État membre, dans les rivières, les ruisseaux, les cours d'eau dans toute la sous-région, dans les zones économiques exclusives, les eaux territoriales ou les plateaux continentaux est la propriété de l'État membre* ».

30. *Ibid.*, voir en ce sens, l'article 8, alinéa 2 : « *[l]es exonérations des droits de douane à l'importation en ce qui concerne les installations industrielles, les machines, les équipements et accessoires importés spécialement et exclusivement pour les opérations minières seront*

258. Ladite Directive conditionne l'octroi des exonérations fiscales et douanières au respect effectif des exigences environnementales et sociales. Elle consacre également la faculté pour l'État de prendre, à titre gratuit, une participation dans le capital des sociétés minières[31].

259. En outre, la faculté reconnue à l'État de prendre une participation gratuite dans les sociétés minières permet également de renforcer son pouvoir de contrôle stratégique et de surveillance du respect des obligations sociales et environnementales. Cela offre un levier juridique supplémentaire à l'État pour de s'impliquer davantage dans la gestion stratégique du secteur et renforcer sa souveraineté sur ses ressources naturelles.

260. Par ailleurs, l'Union Économique et Monétaire Ouest-Africaine (« UEMOA ») s'est dotée, au sein de son espace communautaire, d'un cadre juridique régissant l'ensemble des opérations minières[32].

261.L'incidence de ce texte sur les droits nationaux est significative, en raison du principe de la primauté des normes de l'UEMOA sur le droit interne[33]. Il consacre la

---

subordonnées au respect par le titulaire du droit ou titre minier de ses obligations sociales et environnementale et autres obligations à l'égard des communautés minières, conformément aux lois et usages en vigueur dans l'État membre ».

31. Voir également, l'article qui dispose : « *1. Une autorité compétente d'un État membre peut par avis écrit demander à une société minière de lui octroyer une action spéciale, quel qu'en soit le nom donné par la société. 2. Les actions spéciales constituent une catégorie spéciale d'actions et les droits qui y sont attachés sont déterminés d'un commun accord entre l'autorité compétente de l'État membre et le titulaire du droit ou de titre minier. 3. Un État membre peut également participer au capital des sociétés minières opérant sur son territoire dans des conditions fixées d'un commun accord* ».

32. Règlement N°02/2023/CM/UEMOA du 16 juin 2023, portant adoption du code minier communautaire.

33. LAURIOL Thierry et RAYNAULD Émilie, *op. cit.*, voir p. 109

propriété effective des États membres sur leurs ressources minérales[34] et leur reconnaît, entre autres, la possibilité d'acquérir à titre gratuit, à une participation à dividende prioritaire de 10 ⁰/0 à 15 % au capital social de la société d'exploitation pendant toute la durée de d'exploitation[35].

262. Ces différents instruments juridiques démontrent à quel point la communauté n'a eu de cesser d'affirmer l'existence d'un PSPRN. Ainsi, la large admission de ce principe a conduit à la naissance d'un principe de droit international à valeur coutumière, reposant à la fois sur un élément objectif, une pratique générale et un élément subjectif, l'*«opinion juris»*[36].

263. En Guinée, le PSPRN s'est progressivement intégré à l'ordre juridique national, au point d'être consacré dans les lois constitutions successives comme un droit fondamental, plaçant ainsi le contrôle et la régulation des ressources minières et naturelles au sommet de la hiérarchie normative.

---

34. Voir en ce sens, le Règlement N°02/2023/CM/UEMOA, *op. cit.,* voir notamment l'article 4 : «*[l]es gîtes naturels de substances minérales contenus dans le sol et le sous-sol d'un État membre sont, de plein droit, propriété de cet État...*».

35 Voir en ce sens, l'article 35 «*[l]'octroi du permis d'exploitation industrielle donne droit, à l'État membre, à titre gratuit, à une participation à dividende prioritaire de 10 ⁰/0 à 15 % au capital social de la société d'exploitation pendant toute la durée de l'exploitation. Cette participation est libre de toutes charges et ne peut connaître aucune dilution en cas d'augmentation du capital social. La gestion efficiente de la participation relève du rôle régalien de chaque État membre* ».

35. Voir Patrick Daillier, Mathias Forteau et Alain Pellet, « Droit international Public », 8e édition, Paris, Collection traité, *LGDJ*, 2009, p. 260.

Section 2 : La consécration du PSPRN par le droit guinéen

264. La reconnaissance explicite du pouvoir législatif et réglementaire de l'État guinéen en matière de gestion et de contrôle de ses ressources naturelles constitue un pilier fondamental de sa souveraineté minière. Ce pouvoir, d'abord affirmé par les normes de droit international, continental et régional, trouve aujourd'hui sa pleine consécration dans le droit positif guinéen.

265. Consacré par les textes constitutionnels, qui énonce les principes régissant la souveraineté et la propriété des ressources naturelles, et repris dans le code minier ainsi que ses textes d'application, ce cadre juridique définit les conditions et modalités d'exercice de la souveraineté et la propriété.

§ 1. L'ancrage constitutionnel et législatif du PSPRN

266. Dans sa conception moderne, l'État, en tant que représentant légitime du peuple et titulaire de la souveraineté, puise dans la Constitution ainsi que dans la législation minière le fondement normatif de son autorité exclusive et inaliénable sur ses ressources naturelles.

A. L'affirmation et la consécration constitutionnelle

267. Les lois fondamentales successives de la Guinée ont consacré, à des degrés divers et de manière explicite, la souveraineté de l'État sur ses ressources naturelles, établissant ainsi un cadre normatif suprême qui oriente l'ensemble des politiques et stratégies sectorielles du secteur minier. Cette souveraineté confère à la collectivité nationale la propriété des ressources minières et investit l'État du monopole de leur exploitation, que ce soit directement ou par l'octroi de concessions à des investisseurs, le plus souvent privés.

268. Inspiré par les orientations de l'Assemblée générale des Nations unies à travers la Résolution 1803, le PSPRN trouve un écho favorable dans la quasi-totalité des législations des États membres de la CEDEAO, y compris la Guinée. Ce principe a servi de cadre de référence juridique à la Guinée pour encadrer la gestion et l'exploitation de ses ressources naturelles.

269. Expression particulière de la souveraineté étatique dans sa sphère économique, politique et sociale[37], la souveraineté, en tant qu'expression de la suprématie unique, entière et indivisible du pouvoir d'État dans les limites des frontières territoriales, mais aussi expression de l'indépendance de celle-ci en rapport avec toute autre puissance, implique le droit de l'État de disposer et d'exploiter librement ses richesses et ses ressources naturelles sur la base de son indépendance politique et économique[38].

270. La souveraineté permanente s'exerce nécessairement dans un espace géographique délimité d'un territoire terrestre, maritime et aérien, dans lequel l'État bénéficie de l' *« exclusivité »* et de la *« plénitude »* des compétences. La plénitude de la souveraineté reconnaît à l'État une compétence normative de réglementer sur toutes les ressources qui se trouvent sur son territoire, y compris les richesses naturelles et les activités économiques y afférentes.

271.L'exclusivité reconnaît également à l'État le droit de s'imposer et de s'opposer sur toute activité concurrente effectuée par toute autre entité étatique ou non, sur son propre territoire, ou à toute ingérence d'une organisation internationale qui outrepasserait ses compétences. À cet

---

36. KISALYA SAMUEL, *op. cit.,* voir p. 5941.
37. *Ibid.*

égard, l'État possède un droit exclusif sur les ressources naturelles se trouvant sur son territoire et aucun État ou organisation internationale ne peut les exploiter sans son autorisation.

272. En droit public et constitutionnel, la souveraineté de l'État constitue le fondement même de son autorité sur l'ensemble du territoire national, y compris les ressources naturelles qui s'y trouvent.

273.L'analyse chronologique des textes constitutionnels guinéens met en lumière une cristallisation progressive de la souveraineté permanente sur les ressources naturelles, laquelle s'articule autour de la reconnaissance du peuple comme titulaire ultime de ces ressources et de l'État comme garant de leur gestion dans l'intérêt général.

274. La Constitution de 2025[39], en dépit qu'elle garantit une meilleure transparence et place le peuple au cœur du développement[40], proclame sans ambiguïté, dans son préambule, la « *souveraineté exclusive* » sur toutes les ressources naturelles et les richesses nationales. Cet engagement constitutionnel traduit une volonté ferme de protéger le patrimoine naturel guinéen et d'en faire un levier de développement au bénéfice des populations.

275. La Constitution de 2020[41], bien que rapidement rendue caduque par le changement de régime survenu en 2021, elle consacrait non seulement la formule classique de la souveraineté populaire sur les ressources naturelles, mais

---

38. Adoptée par référendum le 21 septembre 2025, avec 89 % de ''OUI'' et une participation de plus de 86 %, puis promulguée le 26 septembre 2025 par le Président de le Transition.

39. Article 6 alinéa i de la constitution de 2025 : « *L'État s'engage à gérer de manière rationnelle, transparente et équitable les ressources naturelles pour le bien-être des populations à tous les niveaux* ».

40. Ordonnance n°004/2021/PRG/CNRD/SGG du 27 septembre 2021, portant charte de la transition de Guinée.

mettait également un accent particulier sur l'affectation d'une part des retombées issues de l'exploitation minière au bénéfice du développement des communautés impactées. Elle intégrait et érigeait, pour la première fois, le concept de contenu local en tant que principe fondamental régissant le secteur minier[42].

276. La Constitution de 2010[43], s'inscrivait dans la continuité des acquis en reprenant textuellement les dispositions de la précédente[44], en cohérence avec les engagements internationaux de la Guinée, notamment la CADHP et la Déclaration des Nations Unies sur la souveraineté permanente des États sur leurs ressources naturelles.

277. Adoptée à la suite d'une transition militaire, la Loi fondamentale de 1990[45] consacra la souveraineté populaire sur les ressources naturelles, tout en l'insérant dans un dispositif institutionnel fondé sur la séparation des pouvoirs et le pluralisme politique[46]. Également, cette loi mettait un accent particulier sur le principe de l'autodétermination du peuple définir l'organisation politique, social économique de sa nation et à cet effet, il dispose d'un droit imprescriptible sur ses richesses, partie intégrante de son patrimoine dont il a l'obligation de le préserver et de résister

---

41. *Ibid.*, voir notamment les articles 1, 2 et 27.
42. Décret D/068/PRG/CNDD/PRG/SGG du 7 mai 2010 portant promulgation de la constitution Guinée.
43. *Ibid.*, voir notamment les articles 1, 2 et 21.
44. Loi fondamentale du 23 décembre 1990 révisée le 11 novembre 2001.
45. *Ibid.*, voir notamment l'article 2, alinéas 1 et 2 : « *[l]a Souveraineté Nationale appartient au Peuple, qui l'exerce par ses représentants élus ou par voie de référendum.*
Aucune fraction du Peuple, aucun individu ne peut s'en attribuer l'exercice [...] ».

à toute forme d'oppression[47] allant dans le sens du pillage dudit patrimoine. Le principe de la souveraineté sur les ressources demeure, mais sa mise en œuvre se fait désormais sous le contrôle d'institutions représentatives, consacrant ainsi une rationalisation démocratique du principe.

278. Adoptée dans un contexte révolutionnaire, La Constitution de 1984[48] marqua une étape décisive en consacrant l'appartenance exclusive et inaliénable de l'ensemble des richesses naturelles, comprenant le sol, le sous-sol, l'espace aérien, le plateau continental ainsi que la zone économique exclusive[49] (ZEE) au peuple. Elle instituait une souveraineté populaire intégrale, exercée par l'intermédiaire des institutions du Parti Unique[50]. Par ce dispositif, le texte inscrivait formellement la souveraineté économique au sein du corpus constitutionnel guinéen.

279. Première loi fondamentale adoptée par la Guinée indépendante, la Constitution de 1958[51] proclamait que la souveraineté nationale émane du peuple, lequel l'exerce par

---

46. *Ibid.,* voir notamment l'article 19 : «*[l]e Peuple de Guinée détermine librement et souverainement ses Institutions et l'organisation économique et sociale de la Nation.*
Il a un droit imprescriptible sur ses richesses. Celles-ci doivent profiter de manière équitable à tous les guinéens.
Il a droit à la préservation de son patrimoine, de sa culture et de son environnement.
Il a le droit de résister à l'oppression ».

47. La Constitution guinéenne du 14 mai 1982

48. *Ibid.,* voir notamment l'article 4, 5 et 26.

49. *Ibid.*

50. Loi n°4/AN/58 du 10 novembre 1958 adoptant la Constitution de la République de Guinée.

l'intermédiaire de sa représentation nationale[52]. Il est notable que ce texte, élaboré dans le contexte historique de l'affranchissement du pays de la tutelle coloniale et de l'affirmation du droit des peuples africains à disposer d'eux-mêmes, ne comportait pas de disposition explicite consacrant la souveraineté de l'État sur ses ressources naturelles.

280.Néanmoins, en l'absence d'une telle disposition spécifique, la proclamation du principe général de souveraineté devait être interprétée dans une acception élargie, englobant l'ensemble des attributs inhérents à l'autorité étatique.

281. En outre, l'évolution de la législation minière guinéenne illustre la volonté constante de l'État de réaffirmer et consolider sa souveraineté sur ses ressources naturelles.

B. La consolidation législative dans le droit minier guinéen

282. Au plan législatif, la législation minière[53] constitue l'instrument central de la mise en œuvre des politiques et orientations stratégiques sectorielles de l'État guinéen.

---

51. *Ibid.*, voir notamment l'article 3 : « *[l]a Souveraineté Nationale appartient au Peuple qui l'exerce en toute matière par ses Députés à l'Assemblée Nationale élus au suffrage universel, égal, direct et secret ou par voie de referendum* ».

52. Sont notamment visés, sans que cette énumération soit limitative, le Code minier et ses textes d'application, le code de l'environnement, le Code foncier et domanial, le Code forestier, le Code général des impôts, le Code de la Santé Publique, le Code du Travail, le Code de la Faune, le Code Foncier et Domanial, le Code Forestier, le Code Pastoral, le Code des Collectivités locales, le Code Civil ainsi que le Code Pénal.

283. Le Code minier de 1986 consacrait expressément le principe de souveraineté du peuple sur les ressources naturelles présentes sur le territoire national, traduisant ainsi une approche démocratique de la gestion des richesses du sol et du sous-sol[54]. En revanche, le celui de 1995 se limitait à réaffirmer le caractère exclusif du droit de propriété de l'État sur ces mêmes ressources, sans mention explicite de la notion de souveraineté étatique sur les ressources naturelles[55].

284. Les différents codes miniers successifs ont consacré une conception convergente en ce qui concerne les conditions d'accès aux ressources naturelles, les droits et obligations attachés aux titres miniers[56], ainsi que les

---

53. L'ordonnance n°076/PRG/86 du 21 mars 1986, *op. cit.*, voir notamment le préambule : *« [s]elon les lois en vigueur de la République de Guinée, l'État, agissant au nom du peuple souverain de Guinée est seule propriété du territoire sur lequel s'entend sa souveraineté. La propriété du sol par un particulière ne compte que la valeur des plantations et construction faites par celui-ci, le terrain nu faisant obligatoirement partie du domaine de l'état Guinéen, qui en est propriétaire de droit.*
La souveraineté de l'État s'entend également à toutes les richesses naturelles existantes dans la zone économique exclusive ou qui sont enfouies dans son sous-sol ».

54. Loi L/95/036/CTRN du 30 juin 1995, *op. cit.*, voir notamment l'article 3-alinea 1 : « *[l]es substances minérales ou fossiles contenues dans le sous-sol, ou existant en surface ainsi que les eaux souterraines et les gîtes géothermiques sont, sur le Territoire de la République de Guinée ainsi que dans la zone économique exclusive, la propriété de l'État et elles ne peuvent être, sous réserve de la présente Loi du Code Foncier et Domanial, susceptibles d'aucune forme d'appropriation privée* ».

55. *Ibid.*, voir notamment les articles 19 et 45.

modalités de contrôle exercé par l'État[57]. En réaffirmant le régime domanial applicable aux ressources du sous-sol, le législateur consacre les prérogatives régaliennes de l'État, notamment son pouvoir discrétionnaire d'octroyer des titres miniers sous conditions, de réguler les conventions minières, y compris par le biais de clauses de stabilisation[58] et d'assurer un contrôle effectif et permanent sur les activités et projets miniers.

285. Le droit à une participation gratuite au capital des sociétés minières[59] constitue un levier de l'expression de la souveraineté étatique, dans la mesure où il renforce le pouvoir de contrôle de l' État. Il s'ajoute ainsi aux instruments de fiscalité issus du secteur, contribuant à consolider la souveraineté économique de l'État.

286. Précurseur de l'affirmation de la souveraineté de la souveraineté étatique sur les ressources naturelles, la Résolution 1803 (XVII) stipule que : *« le droit des peuples et des nations à la souveraineté permanente sur leurs richesses et ressources naturelles doit être exercé dans*

---

56. *Ibid.*, voir notamment les articles 190, 191 et 193. L'État détient la compétence exclusive pour délivrer les permis d'exploration et les concessions d'exploitation. Ce régime garantit un contrôle rigoureux de l'octroi des droits miniers, fondé sur des critères techniques, économiques et environnementaux, conformément à l'intérêt général. La mise en œuvre pratique s'appuie également sur un arsenal administratif et judiciaire permettant à l'État de contrôler le respect des obligations contractuelles et légales, de sanctionner les manquements et d'intervenir en cas de violation des droits souverains. Les autorités compétentes disposent de pouvoirs d'inspection, de révision des contrats et de réquisition.

57. *Ibid.*, voir notamment l'article182, *op. cit.*

58. Voir notamment les articles 3 et 150-I de la loi L/2013/053/CNT du 8 avril 2013.

l'intérêt du développement national et du bien-être du peuple de l'État concerné[60] ».

287. Seul l'État, en vertu de sa souveraineté, peut concéder ses droits à un investisseur, en lui octroyant un titre minier dans la sphère d'influence de la manifestation de sa souveraineté[61]. C'est ainsi que le PSPRN consacre le monopole de l'État sur les ressources situées sur son territoire, tant en surface qu'en sous-sol. Il constitue, par ailleurs, le corollaire direct du « *droit des peuples à disposer d'eux-mêmes* », en ce qu'il garantit leur droit inaliénable de « *contrôler*, *exploiter* et *disposer librement de leurs richesses et ressources naturelles*[62] ».

288. Il y a lieu de souligner que le terme « *Nation* » ou « *Peuple* » est fréquemment employé, tant dans le langage onusien que dans le discours du droit international et des droits internes, comme synonyme de « *l'État* ». Par ailleurs, la doctrine juridico-politique l'utilise souvent dans un sens proche de celui de peuple.

289. Toutefois, il convient de rappeler que, chaque fois que la souveraineté permanente sur les ressources naturelles est juridiquement reconnue à l'État, c'est en sa qualité de représentant légitime du peuple souverain, seul titulaire originaire de ladite souveraineté. L'État n'agit dès lors qu'en tant que gardien et gestionnaire des ressources au nom et pour le compte du peuple, véritable titulaire du

---

59. Résolution 1803 (XVII) de l'Assemblée générale des Nations Unies, *op. cit.*

60. Hamza Hadj Cherif, Le droit de souveraineté permanente sur les ressources naturelles dans les territoires occupés et les territoires non autonomes. Droit. Université de Bordeaux, 2018. Français, p. 77.

61. Voir en ce sens, la déclaration sur l'octroi de l'indépendance aux pays et aux peuples coloniaux, adopté le 14 décembre 1960 par la résolution 1514 (XV) de l'Assemblée générale des Nations Unies.

droit de souveraineté, dans un contexte de démocratie participative.

290. En la matière, Maître Aboubacar FALL le fait remarqué que, toutes les législations extractives en Afrique de l'Ouest posent le principe selon lequel : « *les ressources minières et minéralières appartiennent à l'État*[63] ». Cette reconnaissance constitutionnelle de la propriété des ressources naturelles au peuple impose à l'État, en sa qualité de gestionnaire fiduciaire, des obligations de transparence, de reddition de comptes, de participation citoyenne, de protection socio-environnementale et de promotion du contenu local, sous le contrôle du Parlement. Ce qui constitue, selon lui, un développement majeur dans la prise en compte des aspirations légitimes des peuples dans la gestion des ressources naturelles.

291. La reconnaissance constitutionnelle de la propriété des ressources naturelles au peuple s'inscrit pleinement dans l'esprit et les exigences de l'ITIE, qui consacre l'obligation pour l'État d'agir en sa qualité de gestionnaire fiduciaire des ressources extractives, dans l'intérêt du peuple, dépositaire de la souveraineté.

292.L'ITIE, à travers son principe 2, reconnaît que les ressources naturelles appartiennent au peuple, et il est du devoir des gouvernements de gérer ces ressources dans l'intérêt de leurs citoyens et dans le respect du développement national[64].

---

62. Voir Maitre Aboubacar FALL : « Gouvernance des industries extractives : Quelques nouveaux développements », *magazine Business News Africa*, février-mars 2020.

63. Voir en ce sens, le principe 2 de l'ITIE qui affirme que : « *[l]a gestion des richesses en ressources naturelles au profit des citoyens d'un pays relève de la compétence des gouvernements souverains, qui l'exercent dans l'intérêt de leur développement national* ».

293. Dans cette perspective, l'État guinéen est investi d'une obligation de transparence et de reddition de comptes, de promotion de la participation citoyenne, de protection de l'environnement et de valorisation du contenu local dans la gestion des ressources minières, tout en assurant un contrôle démocratique effectif par l'intermédiaire du Parlement. Une telle approche favorise une gouvernance extractive responsable, inclusive et conforme aux standards internationaux en matière de transparence et de bonne gouvernance.

294. Il convient de souligner que, si les constitutions et législations minières successives de la Guinée utilisent pour l'essentiel le terme « *propriété* » pour désigner le titulaire des ressources naturelles ou réaffirment la souveraineté de l'État sur ces ressources, il y a lieu de comprendre que la souveraineté implique nécessairement le droit de propriété. En pratique, la souveraineté se traduit par une maîtrise pleine et entière, tant juridique qu'économique, des ressources du sol et du sous-sol. Dès lors, le droit de propriété de l'État en constitue à cet effet le fondement matériel, assurant à la souveraineté sa portée effective.

295. Après avoir analysé les fondements théoriques, les mécanismes juridiques et les implications pratiques des clauses de stabilisation contenues dans les contrats miniers en Guinée, il importe d'aborder une problématique centrale, à la croisée des exigences de sécurité juridique et des impératifs de souveraineté étatique : il s'agit d'une part la difficile cohabitation entre ces deux exigences ; et d'autre part, celle des mécanismes de conciliation entre la stabilité contractuelle recherchée par les investisseurs et le pouvoir de révision normative inhérent à l'exercice de la souveraineté de l'État.

Chapitre 4

La stabilisation contractuelle et souveraineté normative : entre prévisibilité juridique et adaptabilité des contrats miniers en Guinée

296. Les conventions minières de la quatrième génération[1] s'efforcent d'articuler, dans une perspective de stabilité contractuelle dynamique, le droit souverain de l'État sur ses ressources naturelles et la sécurité juridique recherchée par les investisseurs étrangers.

297. Si cet équilibre demeure fragile face aux tensions entre stabilité contractuelle et pouvoir normatif de l'État, l'émergence de mécanismes innovants laisse entrevoir une possible conciliation de ces deux exigences.

Section 1 : Les tensions persistantes entre les clauses de stabilisation et les réformes légales et réglementaires de l'État

298. Longtemps considérées comme un gage de sécurité juridique et d'attractivité pour les investisseurs étrangers, les clauses de stabilisation à effet figé ont progressivement

1. Les conventions minières conclues à partir de 2010 à nos jours.

révélé leurs limites, tant sur le plan juridique que sur le plan économique et institutionnel.

299. En cristallisant le droit applicable au moment de la conclusion du contrat, ces dispositifs entravent la capacité régulatrice de l'État et compromettent l'adaptabilité des politiques publiques aux mutations économiques, sociales et environnementales

§ 1. La stabilisation contractuelle face à la souveraineté législative de l'État

300. En figeant le cadre normatif applicable au contrat, la clause de stabilisation entre en tension directe avec le principe fondamental de souveraineté législative de l'État.

301. Cette problématique suscite dans la doctrine, un débat entre deux tendances opposées, alors que l'on assiste à une légitimation de la clause de la stabilisation au regard du droit des investissements.

A. L'enjeu doctrinal : entre souveraineté et sécurité juridique

302.L'insertion d'une clause de stabilisation dans un contrat minier/pétrolier continue d'alimenter les débats quant à son impact sur la souveraineté normative de l'État hôte[2].

303. Considérée contraignante en raison de son effet restrictif sur le pouvoir normatif de l'État, elle est également jugée essentielle par les investisseurs, à cause de son effet immunisant du contrat, lui mettant ainsi à l'abri

---

2. LONCLE (J-M), PHILIBERT-PROLLEZ (D), *op. cit.*, voir p. 279.

contre toute mesure d'adoption d'une règle nouvelle qui porte atteinte à la situation contractuelle[3].

304. Cette opposition entre la souveraineté législative de l'État, telle que soutenue par le PSPRN[4], et l'objet de la clause de stabilisation a suscité des divergences de positions entre le courant défendant la mutabilité essentielle du contrat et celui qui prône la doctrine *« sanctity of contract*[5]*»*.

305. Le premier courant fonde sa position sur l'inaliénabilité de la souveraineté et le respect des intérêts fondamentaux de l'État tout en considérant que la partie étatique peut porter atteinte au contrat à tout moment, car elle maîtrise totalement le rapport contractuel. C'est une doctrine qui a été plaidée par le Royaume Uni dans l'affaire de l'Anglo Iranian Oil company[6].

306. Le second courant doctrinal postule que la conclusion d'un contrat par l'État, en particulier lorsqu'il

---

3. Pierre MAYER, « La neutralisation du pouvoir normatif de l'État en matière de contrats d'État », *JDI*, n°1, 1986, p. 35.

4. Un principe reconnu par les résolutions de l'ONU 1803, 1515, 1304, 1314. Il s'agit là d'un ensemble des droits ou des prérogatives reconnus à l'État d'accueil, d'exercer un contrôle permanent sur les activités économiques se déroulant sur l'ensemble de son territoire dont l'objet est les ressources naturelles.

5. L'inviolabilité du contrat ou *« sanctity of contract »* est une idée générale selon laquelle une fois que les parties ont dûment conclu un contrat, elles doivent honorer leurs obligations en vertu de ce contrat. En revanche, la théorie de la rupture efficace veut que les parties se sentent libres de rompre un contrat et de payer des dommages-intérêts, pour autant que ce résultat soit plus efficace économiquement que l'exécution du contrat.

6. Affaire d l'Anglo-Iranien Oil company (Royaume-Uni C. Iran), exception préliminaire, Arrêt du 22 juillet 1952, Recueil des arrêts, Avis consultatifs et ordonnances, Cour internationale de Justice, 1952.

s'agit d'un contrat d'État, emporte une autolimitation volontaire de l'exercice de ses prérogatives souveraines.

307. En apposant sa signature, l'État se départit de sa position de puissance publique pour adopter celle d'un contractant de droit commun, tenu par le principe de « *pacta sunt servanda* », et est soumis, dès lors, au régime de la force obligatoire des conventions[7].

308. Ce dernier raisonnement repose sur une logique de contractualisation du pouvoir public, selon laquelle l'État, en s'engageant librement dans une relation contractuelle avec un investisseur étranger, accepte de moduler l'exercice de ses compétences régaliennes, notamment en matière législative et réglementaire, afin d'assurer la stabilité et la sécurité juridique des engagements pris.

309. Le respect de cette autolimitation[8] constitue une exigence fondamentale du droit des investissements internationaux, garantissant l'équilibre contractuel et la protection des droits acquis des investisseurs.

310. Cette position est fondée sur la notion de l'État souverain, lors de son implication dans un rapport contractuel avec une entreprise privée étrangère, l'État agit comme une personne privée qui signe un contrat ordinaire du commerce international.

311. Les deux positions apparaissent excessives et empreintes de rigidité, en ce qu'elles privilégient unilatéralement les intérêts d'une seule partie au contrat, sans effort réel de conciliation avec les intérêts légitimes

7. Voir Pierre MAYER, *op. cit.*, p. 11.

8. L'inviolabilité du contrat est une idée générale selon laquelle une fois que les parties ont dûment conclu un contrat, elles doivent honorer leurs obligations en vertu de ce contrat. En revanche, la théorie de la rupture efficace veut que les parties se sentent libres de rompre un contrat et de payer des dommages-intérêts, pour autant que ce résultat soit plus efficace économiquement que l'exécution du contrat.

de l'autre partie ni prise en compte de la nécessité d'un équilibre contractuel dynamique.

312. La prévisibilité des règles juridiques applicables au contrat repose sur les instruments juridiques internationaux.

B. Les fondements internationaux du respect des engagements stabilisé

313.L'application des règles du droit international aux contrats d'État, notamment la doctrine de l'inviolabilité du contrat ou encore le « *pacta sunt servanda* », rend toute violation par l'État de ses obligations contractuelles illégales en vertu du droit international[9], ce qui vaut également pour le contrat en soi et la garantie de stabilité qui y est attachée.

314.L'imposition du principe « *pacta sunt servanda* » en droit international est la force contraignante des traités entre les États. Ce principe a été confirmé par l'article 26 de la Convention de Vienne[10] en ces termes : *« Tout traité en vigueur lie les parties et doit être exécuté par elles de bonne foi »*.

---

9. Ainsi, l'État engagerait sa responsabilité internationale par sa violation du contrat. Dans cette même veine le principe général du « *respect des droits acquis » protégerait le cocontractant étranger des effets d'une législation postérieure* ». Ainsi, pour la CIJ « *rien ne s'oppose à ce qu'un État, dans l'exercice de sa souveraineté, se lie inexorablement par les clauses d'une concession et attribue à un concessionnaire des droits irrétractables. Ces droits ont le caractère de droits acquis...* », Voir la Sentence Arbitrale Arabie Saoudite-ARMACO, Genève 23 août 1958, *revue critique de droit international privé*, 1963, p. 272.

10. Multilatéral Convention de Vienne sur le droit des traités (avec annexe). Conclue à Vienne le 23 mai 1969. Cette convention régit les modalités relatives aux traités internationaux signés par les États et les OI (conclusion, entrée en vigueur, application, interprétation…).

315. Le principe de la force contraignante des engagements internationaux de l'État se trouve réaffirmé dans la Résolution 2625 (XXV)[11], adoptée par l'Assemblée Générale des Nations Unies : « *The principle that States shall fulfil in good faith the obligations assumed by them in accordance with the Charter Every State has the duty to fulfil in good faith the obligations assumed by it in accordance with the Charter of the United Nations. Every State has the duty to fulfil in good faith its obligations under the generally recognized principles and rules of international law. Every State has the duty to fulfil in good faith its obligations under international agreements valid under the generally recognized principles and rules of international law* ».

316. En règle générale, ce sont toutes les obligations « *de faire* » de l'État qui sont toujours la première partie du contrat. Ces obligations peuvent différer entre chaque type de contrat et d'un État hôte à l'autre. Cependant, leur contenu principal qui est de fournir à la deuxième partie, toutes les mesures juridiques et administratives nécessaires pour mener à bien ses opérations, reste le même. Ainsi, par la voie d'une clause de stabilisation, l'État s'engage à ne pas disposer de sa capacité normative[12].

317.L'obligation de ne pas faire[13] concerne les garanties juridiques qui entourent le contrat et assurent sa stabilité, continuité et sécurité. C'est dans ce dernier que l'État hôte s'engage à ne pas provoquer des mesures juridiques dans

---

11. Déclaration relative aux principes du droit international touchant les relations amicales et la coopération entre les États conformément à la Charte des Nations Unies.

12. *Ibid.*, voir p. 35.

13. Pour les obligations de « *faire, et, ne pas faire* » de l'État cocontractant, voir P. LEBOULANGER, « *Les Contrats entre États et entreprises étrangères* », *Economica*, (1985), pp. 121-124.

le cadre de l'exercice de ses pouvoirs normatifs, qui pourraient porter atteinte aux droits des investisseurs étrangers. Comme le développe le Prof. Ph. LEBOULANGER dans sa thèse : « *L'État s'engage en outre à limiter contractuellement l'exercice de ses pouvoirs publics. C'est là un des aspects les plus originaux- et les plus délicats - des contrats entre États et entreprises étrangères que de stipuler au profit de ces dernières des clauses qui tendent à leur assurer une protection contre les modifications unilatérales que l'État pourrait imposer aux relations contractuelles, soit par décision de nature particulière, soit par une décision d'ordre général*[14] ».

318. Par ailleurs, grâce au principe de l'« *attente légitime* », le droit international d'investissement prévoit une autre norme juridique qui est profondément liée à la notion de stabilisation de contrat d'investissement international, et qui place comme une obligation vis-à-vis de l'État hôte de ne pas modifier unilatéralement son engagement, lequel découle de ce contrat, tout au long de l'exercice de ses prérogatives.

§ 2. La position de la jurisprudence sur la stabilisation contractuelle

319. La reconnaissance de l'effet de la stabilisation des contrats extractifs ne relève pas d'une simple construction doctrinale, elle trouve un ancrage tant dans la jurisprudence arbitrale internationale qu'au travers des décisions des juridictions nationales.

---

14. *Ibid.*, voir p. 123.

A. La pratique internationale de l'arbitrage

320. Dans l'arbitrage *Texaco*[15], DUPUY, l'arbitre unique, a expressément reconnu que le droit souverain de l'État hôte de disposer librement de ses ressources naturelles constitue un principe incontesté du droit international coutumier, confirmé par une jurisprudence arbitrale constante, notamment dans le cadre de différends opposant des investisseurs internationaux à des États producteurs de pétrole. Lorsqu'est envisagée l'hypothèse d'une limitation du droit souverain de l'État sur ses ressources naturelles, la question revêt une acuité particulière.

321.L'auteur soutient en effet que, dans le cadre d'un contrat minier/pétrolier, bénéficiant d'une protection maximale ou internationalisé, les parties contractantes se trouvent placées sur un pied d'égalité juridique. Dès lors, l'État hôte se trouve lié par les stipulations du contrat, notamment les garanties consenties à l'investisseur, au même titre qu'il le serait par les engagements issus d'un traité international conclu entre États[16].

322. En d'autres termes, l'État hôte a entravé l'exercice de sa souveraineté vis-à-vis d'une partie privée pour la durée de l'accord, ce qui selon DUPUY, est précisément l'effet de la clause de stabilisation dans les contrats de concession. Il poursuit en affirmant qu'une telle analyse ne doit pas être incompatible avec le concept de la souveraineté permanente sur les ressources naturelles, en

---

15. Affaire Texaco - Calasiatic : Overseas Petroleum Company/California Asiatic Oil Compagny c. Gouvernement de la République arabe de Libye, *op. cit.*

16. René Jean DUPUY, Dialectiques du droit international, souveraineté des États, *communauté international et droit de l'Humanité,* Edition A. PEDONE, 1999, p. 151.

établissant une distinction entre la jouissance et l'exercice. En vertu d'un accord de concession garanti : « *The State retains, within the areas which it has reserved, authority over the operation conducted by the concession holder and the continuance of the exercise of its sovereignty is manifested, for example, by the various obligations imposed on its contracting party* », l'État hôte s'engage ainsi à conserver la jouissance permanente sur ses ressources naturelles, seul l'exercice de la souveraineté étant limité pendant la durée de la convention[17].

B. L'illustration en droit national et communautaire

323. En Guinée et au Sénégal, la jurisprudence nous offre une illustration concrète sur l'interprétation de la clause de stabilité face au pourvoir de régulation de l'État sur les ressources naturelles.

1. Guinée : Affaire Conseil Guinéen des Chargeurs (CGC) c. CBG S.A

324. Dans la jurisprudence guinéenne, l'affaire CBG S.A contre le CGC illustre de manière particulièrement éloquente les limites opposables à l'exercice de la souveraineté normative de l'État dans le cadre d'un régime conventionnel stabilisé[18].

325. Dans cette affaire, le CGC avait assigné par devant la juridiction de Commerce de Conakry la CBG S.A en paiement d'une redevance fondée sur un acte émanant de

---

17. *Ibid.*

18. Voir le jugement rendu le 27 avril 2023 par le Tribunal de commerce de Conakry, dans l'affaire opposant le Conseil Guinéen des Chargeurs (CGC) à la Compagnie des Bauxites de Guinée S.A, au sujet du paiement de la redevance ICTN/BESC (Bordereau Electronique de Suivi des Cargaisons), pour un montant total de 1.217.339 euros.

l'autorité politique et administrative, portant instauration du système unifié de contrôle des cargaisons (ICTN/BESC), applicable à l'ensemble des exportations à destination ou en provenance de la Guinée[19].

326. Saisie du litige, la juridiction commerciale de Conakry a jugé que, nonobstant sa validité en tant que norme réglementaire interne, ladite redevance ne pouvait s'imposer à une entreprise placée sous le bénéfice d'un régime conventionnel doté d'un effet stabilisateur.

327. Elle a notamment fondé sa décision sur les stipulations de la convention minière conclue le 1er octobre 1963 entre la Guinée et la société Harvey Aluminium Co. of Delaware, maison mère de la CBG S.A, laquelle institue, à son article 6, une exonération absolue en ces termes : *« Le Gouvernement accorde par la présente Convention à la Société, franchise complète de tous impôts, taxes fiscales ou parafiscales, droits de douane, droits d'entrée ou de sortie, redevances et autres charges de quelque nature que ce soit [...]»*.

328. Le fondement juridique de cette immunisation conventionnelle est par ailleurs expressément renforcé par l'article 12 de la même convention, qui lui confère une valeur supra-réglementaire en affirmant le caractère intangible des droits et obligations issus de l'accord : *« La présente convention constituera le droit entre les deux parties, nonobstant toutes les modifications du droit interne, public, administratif ou privé [...], sans exception ni réserve »*.

19. Voir le Décret D/1.74/PRG/CNDD/SGG/2010 du 29 juillet 2010, portant création de l'Office Guinéen des Chargeurs (OGC) ; et l'arrêté n° 2018/7358/MT/SGG du 15 octobre 2018, pris en application du décret N°D/174/PRG du 29 juillet 2010 portant création de l'Office Guinéen des Chargeurs.

329. Sur le fondement de ces stipulations, le Tribunal a jugé que l'arrêté ministériel litigieux, bien qu'adossé à un texte réglementaire valable, ne pouvait produire d'effets à l'égard de la CBG S.A, en l'absence d'une révision préalable de la convention minière.

330. Ce faisant, le juge a reconnu la primauté du contrat sur la norme générale, contractualisant ainsi une limite substantielle à l'expression unilatérale de la souveraineté normative de l'État, dans un contexte où l'effet stabilisateur du régime conventionnel interdit toute application immédiate d'un texte nouveau incompatible.

2. **Sénégal : Affaire Société Sénégalaise des Phosphates de Thiès (SSPT) c. État du Sénégal**

331. Une autre illustration particulièrement significative de l'effet neutralisant des clauses de stabilisation se retrouve dans la jurisprudence sénégalaise, à travers l'affaire opposant la SSPT à l'État du Sénégal[20]. En l'espèce, la Direction Générale des Impôts et Domaines (« DGID ») avait notifié à la SSPT un redressement fiscal fondé sur l'assujettissement de celle-ci à la contribution spéciale sur les produits des mines et carrières.

332. Contestant l'opposabilité de cette mesure, la société requérante forma une opposition à l'exécution des titres de perception, sollicitant, d'une part, la suspension du recouvrement des pénalités y afférentes, et, d'autre part, l'annulation pure et simple de l'ensemble desdits titres[21].

333. À l'appui de ses prétentions, la SSPT invoquait les stipulations de la convention minière conclue en mai 1998

---

20. Voir le jugement n°542, rendu le 23 avril 2013 par le tribunal régional hors classe de Dakar, devenu tribunal de grande instance hors classe de Dakar, relatif à la Société Sénégalaise des Phosphates de Thiès (SSPT) à la Direction Générale des Impôts et Domaines.

21. *Ibid.*

entre l'État du Sénégal et la SPPT , laquelle prévoyait une clause de stabilisation garantissant, pendant toute la durée de validité de son titre minier, l'intangibilité du régime fiscal et douanier applicable ainsi législatif et réglementaire à la date de délivrance, conformément tant au Code minier national qu'au Code minier communautaire adopté par l'UEMOA[22].

334. En défense, l'administration fiscale soutenait que, conformément au principe de souveraineté législative, toute loi fiscale nouvelle s'applique immédiatement, sauf disposition expresse contraire. Dès lors, elle arguait de l'absence d'effet rétroactif attaché aux dispositions du Code minier sénégalais et du Code minier communautaire, adoptés postérieurement à la convention minière invoquée par la SSPT.

335. En conséquence, selon la DGID, les dispositions stabilisatrices de ces textes ne sauraient bénéficier à la société requérante, faute d'applicabilité temporelle. Elle concluait ainsi au rejet pur et simple des demandes présentées par la SSPT.

336. Dans son appréciation des faits de l'espèce, le Tribunal a relevé que la convention minière conclue entre l'État du Sénégal et la SSPT institue expressément une clause de stabilisation à portée impérative. Cette disposition stipule en effet que **:** *« pendant toute la durée de validité de la convention minière, les modifications apportées aux règles d'assiette, de perception et de tarification des impôts, taxes et redevances sont inopposables au titulaire des titres miniers, sauf à sa*

22. *Ibid.*

demande et à condition qu'il adopte les nouvelles dispositions dans leur totalité[23] ».

337. Par ailleurs, le Tribunal a expressément rappelé que l'article 17 du Règlement n°18/2003/CM/UEMOA du 23 décembre 2003, portant adoption du Code minier communautaire, consacre une garantie de stabilité du régime fiscal et douanier au bénéfice des titulaires de titres miniers[24]. Aux termes de cette disposition : « *Pendant la période de validité de ces titres miniers, les règles d'assiette et de liquidation des impôts, droits et taxes prévues par la législation en vigueur demeurent telles qu'elles existent à la date de la délivrance desdits titres miniers, et aucune nouvelle taxe ou imposition de quelque nature que ce soit n'est applicable au titulaire ou bénéficiaire pendant ladite période* ».

338. Le Tribunal en a déduit que toute évolution ultérieure du régime fiscal et parafiscal ne saurait produire d'effet à l'égard du titulaire des titres miniers, sauf renonciation expresse et globale à la stabilité ainsi garantie[25], et a estimé que l'administration fiscale ne saurait, sans violer la portée impérative de ce texte communautaire, se prévaloir de la souveraineté fiscale de l'État pour introduire des charges nouvelles. En

---

23. Voir notamment l'article 10 de la Convention minière conclue le 28 mai 1998, entre le gouvernement de la République du Sénégal et la Société Sénégalaise des Phosphates de Thiès, pour les argiles industrielles de type attapulgite et les substances connexes conclues, en application de la loi 88-06 du 26 août 1988 portant code minier du Sénégal.

24. *Ibid.*

25. Voir le jugement n°542, rendu le 23 avril 2013, *op. cit.*

conséquence, le Tribunal a accueilli l'ensemble des prétentions formulées par la Société SSPT[26].

§ 3. La tension doctrinale persistante entre deux modèles de régulation contractuelle

339. La régulation des investissements internationaux se heurte à une tension doctrinale entre deux constructions théoriques fondamentales, illustrant le conflit persistant entre la sécurité juridique exigée par les investisseurs et l'exercice des prérogatives souveraines de l'État hôte.

A. La théorie des droits acquis

340. La première s'inscrit dans le cadre de la théorie des droits acquis, laquelle constitue le fondement du principe de statu quo juridique. Selon cette approche, la clause de stabilisation doit prévaloir sur le principe d'applicabilité immédiate de la norme nouvelle.

341. Elle postule que, même en présence d'un exercice légitime de la souveraineté législative par l'État, les droits conférés aux investisseurs antérieurement à la réforme doivent continuer à produire leurs effets juridiques. Cette position, fondée sur la primauté des engagements contractuels, a d'ailleurs été expressément consacrée par la juridiction saisie.

---

26. Bien que la DGID ait interjeté appel du jugement rendu en première instance, la DGID ne s'est ni présentée aux débats, ni n'a déposé de conclusions. En conséquence, la Cour d'appel de Dakar a confirmé intégralement le jugement entrepris, en toutes ses dispositions.

B. La théorie de l'application immédiate de la loi nouvelle

342. A l'inverse de la théorie des droits acquis, cette approche repose sur le PSPRN, principe de droit international largement consacré et élevé au rang constitutionnel et reprise par de nombreuses législations minières modernes, dont la Guinée. Elle affirme la supériorité de la norme nouvelle, au nom de l'intérêt général, et confère à l'État le pouvoir d'imposer immédiatement les nouvelles règles à tous les titulaires de titre minier, y compris ceux précédemment soumis à un régime stabilisé.

343. Dans cette logique, les droits acquis issus d'un cadre antérieur seraient implicitement caducs ou inapplicables face à la volonté législative nouvelle[27] et surtout, lorsque l'État justifie sa réforme au nom de la préservation de « *l'intérêt de la nation* ».

344. Par illustration, en 2007, la république démocratique du Congo a initié la révision d'une soixantaine de contrat minier, en se fondant sur le fait que ces contrats avaient été négociés au détriment des « *intérêts de la nation* » et que bon nombre d'entre eux constituaient des contrats léonins[28].

345. En réalité, la décision du gouvernement congolais est à circonscrire au cœur du débat qui existe entre le principe de l'intangibilité du contrat et l'exercice par l'État de la souveraineté sur les ressources naturelles[29].

---

27. Il y a cependant lieu, dans ce cas, de s'interroger sur le fait que pareille suppression puisse intervenir avec ou sans dommages-intérêts ou compensation.

28. Kabange N.C-J « La révision par l'État des contrats signés avec les personnes privées: Cas des contrats miniers en Rd Congo », *Revue du cridahc*, 2010, *op. cit.,* voir p. 10.

29. *Ibid.*

346. Cette dernière notion qui a été formellement consacrée dans la résolution 1803 des Nations Unies (1962), puis consécutivement repris dans les résolutions 3201 et 3281 (1974), reconnaît à l'État le plein droit d'exercer son *impérium* sur ses ressources naturelles[30].

347. Ces contentieux illustrent, de manière emblématique, les effets restrictifs des clauses de stabilisation dites « *absolues* », qui tendent à figer l'ordonnancement juridique applicable, réduisant la marge de manœuvre de l'État dans l'adaptation de son régime fiscal et réglementaire, y compris pour la mise en œuvre de politiques publiques à forte valeur stratégique ou sociale.

348. Ce phénomène conduit à une véritable contractualisation de la souveraineté législative, au bénéfice exclusif de l'investisseur, interdisant toute réforme unilatérale postérieure. Elle illustre que : *«l'État hôte consent à ne pas user de sa souveraineté législative pour modifier les termes du contrat, à la suite de l'adoption d'une loi ultérieure*[31]».

349. Au cœur de ces contentieux, se pose l'épineuse problématique de de la stabilité absolue, un modèle contractuel généralement perçu par les États hôtes comme contraire à l'intérêt général, dans la mesure où il entraîne une évasion notable du potentiel fiscal national. Cette situation est particulièrement manifeste lorsque les prix des matières premières connaissent une hausse significative, sans que celle-ci ne se traduise par un accroissement corrélatif des recettes publiques issues du secteur extractif.

---

30. *Ibid.*

31. Voir Christelle EL SABAHY, « Clauses de stabilisation et d'intangibilité - dans les contrats d'État entre les États du Moyen-Orient et les compagnies pétrolières – et jurisprudences de l'OMC », Double diplôme de Science Po Lyon/EM Lyon, UNIVERSITE LYON 2, soutenu le 04 septembre 2013.

350. Cette rigidité budgétaire compromet la capacité de l'État à répondre aux besoins fondamentaux de sa population, dans un contexte où l'économie nationale demeure fortement dépendante des revenus miniers, lesquels représentent 20,01 % PIB[32] du pays alors même que les exigences en matière d'infrastructures, de santé et d'éducation demeurent cruciales.

351. Par ailleurs, l'existence de régimes fiscaux très favorables dans certains contrats miniers, dérogatoires au cadre légal standard, crée des distorsions entre entreprises minières et contribue à une perte de transparence dans la gestion des revenus extractifs. Le manque à gagner pour l'État réduit ainsi sa capacité à constituer une épargne de précaution ou à financer des projets d'investissement public structurants[33].

352. Dans ce contexte, la question n'est pas seulement celle de l'attractivité des investissements, mais aussi de la justice fiscale et de la soutenabilité budgétaire

---

32. Voir Rapport ITIE-Guinée 2022, *op. cit.*

33. Lors de sa plénière du 27 décembre, le Conseil National de Transition (CNT) de Guinée a relevé des manquements importants liés aux exonérations dans le secteur minier, dont les régimes fiscaux, douaniers sont pour la plupart stabilisés, ce qui compromet par ailleurs les intérêts de l'État. Ces exonérations, jugées « *surréalistes* » par le CNT, ont entraîné, selon le rapport présenté lors de l'examen et de l'adoption de la loi de finance initiale de 2024, un manque à gagner a estimé à près de 8 000 milliards de francs guinéens (GNF) en 2023, notamment avec les compagnies la SAG 332,56, GAC S.A, 19, 66 Mds , La SPIC, 94, 55, la SOCIÉTÉ MINIÈRE DE MANDIANA, 93,93 Mds GNF, la SMB, 790,61 Mds GNF, WINNING CONSORSIUM RAILWAY GUINEA SAU, 238,73 Mds GNF, La société de KOUROUSSA GOLD MINING, 94,014 Mds, La Société minière de Dinguiraye (SMD), 156, 96 Mds GNF, avoisinant 29,72% des recettes fiscales.

§ 4. Vers une stabilité contractuelle dynamique : approche temporelle et encadrée

353. Une inflexion législative, contractuelle et doctrinale significative s'observe dans les conventions minières de la quatrième génération en Guinée, marquant une rupture avec la conception traditionnelle de la stabilité absolue. Cette évolution témoigne d'une volonté affirmée de concilier la sécurité juridique des investisseurs avec la sauvegarde de la souveraineté régulatrice de l'État.

354. Elle trouve également son ancrage dans la législation minière nationale, qui consacre désormais des mécanismes de stabilisation mieux définis et plus strictement encadrés.

355. Les instruments conventionnels s'orientent ainsi vers des dispositifs hybrides, limités dans le temps et moins absolus dans leur portée, permettant d'instaurer une stabilité contractuelle dynamique, adaptée aux mutations économiques et aux impératifs de développement national.

356. En effet, la clause de stabilisation y est encadrée dans une temporalité définie, généralement de quinze ans (15 ans), au terme de laquelle l'État retrouve l'intégralité de ses prérogatives normatives. Cette approche permet d'introduire une forme de reconnaissance différée de la souveraineté, tout en assurant, durant la période initiale, une visibilité réglementaire et fiscale suffisante pour sécuriser l'investissement. Elle marque ainsi une rupture avec les logiques de gel perpétuel du droit, typiques des premières générations de conventions extractives.

357. De surcroît, certains contrats récents instituent des dispositifs de stabilisation non sélective, interdisant à l'investisseur de n'invoquer la clause qu'à l'encontre des seules réformes défavorables. Ce mécanisme vise à neutraliser les effets des clauses de droit d'option contractuel, en imposant une adhésion globale aux évolutions normatives, favorables ou non, réduisant de fait l'asymétrie initiale dans le partage des risques réglementaires.

358. Les conventions de la quatrième génération tentent d'intégrer les dispositions du code minier guinéen relatives, notamment à la limitation du périmètre de la stabilisation ainsi qu'à sa durée. Une telle articulation permet d'assurer une meilleure cohérence normative, limite les dérogations exorbitantes au droit commun, et renforce l'autorité régulatrice de l'État, tout en garantissant une meilleure lisibilité du régime juridique applicable aux conventions minières.

359. Bien que l'évolution de la pratique contractuelle en Guinée témoigne d'une dynamique d'ajustement vers une stabilité plus modulaire, elle demeure traversée par une tension structurelle entre, d'une part, l'impératif de sécurité de l'accord exigé par les investisseurs et, d'autre part, le besoin de flexibilité institutionnelle inhérent à l'exercice de la souveraineté normative.

Section 2 : L'adaptabilité contractuelle dans les accords miniers : vers une stabilité juridique renouvelée

360.360. Il est rappelé que la structuration des contrats d'investissement minier a longtemps été dominée par une approche asymétrique, dans laquelle les clauses de stabilité ont offert à l'investisseur une protection étendue contre toute évolution législative ou réglementaire. Si cette stabilité contractuelle répond au besoin de sécurité juridique exprimé par les investisseurs étrangers, elle a, dans sa version la plus rigide, entraîné une restriction excessive de la capacité de régulation publique.

361.À l'heure des exigences croissantes en matière de gouvernance responsable, de fiscalité équitable et de durabilité environnementale et sociale, une réforme des mécanismes contractuels s'impose.

§1. L'Articulation entre sécurité juridique et flexibilité contractuelle

362. Les contrats miniers, face à l'évolution inévitable des circonstances endogènes et exogènes, la stabilité contractuelle ne peut être envisagée comme un absolu figé. Ainsi, les instruments comme les clauses de *hardship* ou d'équilibre économique constituent à ce titre, des mécanismes d'adaptabilité juridique dans une logique de continuité des relations contractuelles, permettant d'articuler sécurité juridique et ajustement contractuel.

A. L'adaptation du contrat aux réalités économiques dynamiques

363. La stabilité contractuelle est traditionnellement perçue comme un gage de sécurité juridique et d'attractivité pour les investisseurs, notamment dans le secteur minier. Elle se matérialise par des clauses figées qui entendent sanctuariser le cadre juridique applicable au moment de la signature du contrat.

364. Toutefois, cette logique de « *gel juridique* » se heurte à la réalité évolutive des contrats de longue durée, marqués par des aléas économiques, politiques ou techniques. À mesure que le temps passe, un déséquilibre structurel peut émerger, appauvrissant une partie tout en enrichissant l'autre de manière indue ou rendant l'exécution du contrat beaucoup plus difficile ou onéreuse[34]. Cette situation, souvent source de tensions, appelle à une forme d'adaptabilité contractuelle.

365. Dans ce contexte, il est crucial d'anticiper contractuellement les changements en insérant des clauses de révision ou de renégociation permettant d'ajuster les termes du contrat sans en compromettre la stabilité globale. Il est utile d'insérer dans le contrat, des clauses qui organisent la renégociation du contrat en cas de changement de circonstances.

366. La théorie de l'imprévision propose de modifier le contrat de manière à soulager le cocontractant surchargé par les circonstances[35].

B. Les mécanismes d'ajustement contractuel: ***hardship***, clauses d'équilibre

367. Les clauses d'équilibre économique constituent des aménagements dérogatoires au droit commun, au profit des investisseurs, qui se distinguent de la clause dite de *hardship.*

368. Le principe de la force obligatoire des contrats, consacré notamment par les Principes d'Unidroit impose l'exécution du contrat en toutes circonstances[36], sauf accord contraire[37]. Ce principe est toutefois tempéré par la

---

34. Hurgues Bouthinon-Dumas, « les contrats relationnels et la théorie de l'imprévision », *Revue internationale de droit économique*, 2001, p. 340.

35. *Ibid.*

36. Voir notamment l'article 1.3 des Principes d'Unidroit sur les contrats commerciaux internationaux, 2016 : « *[l]e contrat valablement formé lie ceux qui l'ont conclu. Les parties ne peuvent le modifier ou y mettre fin que selon ses dispositions, d'un commun accord ou encore pour les causes énoncées dans ces Principes* ».

37. Alice Brogi « La théorie de l'imprévision dans les contrats internationaux », *Blog de l'Université Paris 10*, 2007.

survenance d'événements imprévus susceptibles de rompre l'équilibre contractuel. Telle est la règle générale que rappelle l'Unidroit[38].

369. Ce principe reste de même tempéré lorsque survient un changement de circonstances, appelé ici le *hardship*, qui altère fondamentalement l'équilibre des prestations[39]. En pratique, le *hardship* n'autorise pas la résiliation des obligations, mais offre une voie à la renégociation contractuelle afin de rééquilibrer les prestations et de rétablir fondamentalement l'équilibre financier du contrat, perturbé par un changement de circonstances[40].

370. La clause d'équilibre vise spécifiquement pour tout acte émanant de l'État hôte. Elle traduit que l'État s'engage s'engagera à réparer le déséquilibre et le manque à gagner qu'aurait subi l'investisseur du fait de la promulgation de la nouvelle réglementation, et cette réparation prendrait la forme, soit par l'ajustement des conditions du contrat lors

---

38. Voir les principes d'Unidroit, *op. cit.*, voir notamment l'article 6.2.1 « *[l]es parties sont tenues de remplir leurs obligations, quand bien même l'exécution en serait devenue plus onéreuse, sous réserve des dispositions suivantes relatives au hardship* ».

39. *Ibid.*, voir notamment l'article 6.2.2. : « *[i]l y a hardship lorsque surviennent des événements qui altèrent fondamentalement l'équilibre des prestations, soit que le coût de l'exécution des obligations ait augmenté, soit que la valeur de la contreprestation ait diminué, et a) que ces événements sont survenus ou ont été connus de la partie lésée après la conclusion du contrat; b) que la partie lésée n'a pu, lors de la conclusion du contrat, raisonnablement prendre de tels événements en considération; c) que ces événements échappent au contrôle de la partie lésée; et d) que le risque de ces événements n'a pas été assumé par la partie lésée* ».

40. Ebtissam El Kailani-Chariat, *op. cit.*, voir p. 32.

d'un procès de renégociation de ses termes, soit par le paiement d'une indemnité financière à l'investisseur[41].

371. Tandis que la clause de *hardship* englobe tout acte susceptible de déséquilibrer fondamentalement l'économie du contrat, qu'elle soit liée à l'État hôte ou à l'investisseur étranger ou à un élément extérieur tels que les changements économiques mondiaux ou des changements politiques ou sociaux. Inspirées des Principes d'Unidroit, elles reposent sur l'idée d'une obligation de renégociation loyale, voire d'intervention judiciaire ou arbitrale, pour restaurer l'équité contractuelle.

372.Dès lors, la stabilisation juridique ne s'oppose pas à l'adaptabilité contractuelle. Bien que distinctes dans leur champ d'application, la clause d'équilibré répond aux actes de l'État hôte, et le *hardship* à tout fait générateur externe, les deux partagent un objectif commun : préserver la viabilité du contrat dans un cadre équitable et sécurisé[42].

C. Illustrations tirées des conventions minières guinéennes

373. Dans plusieurs conventions minières conclues entre la Guinée et les investisseurs miniers au cours des dernières décennies, figurent des formulations de clauses d'adaptation ou de non-aggravation. Celles-ci prévoient la possibilité pour l'investisseur de solliciter une concertation en cas de modification substantielle du cadre juridique ou d'impact économique significatif.

374. On relève, de manière explicite, l'insertion de clauses spécifiques d'imprévision dans la Convention de

41. AYOUB BERDAI, « Les clauses de stabilisation dans les contrats d'investissement internationaux », *Lettre d'Artémis*, 3ème trimestre, 2019, p. 44.
42. *Ibid.*

base conclue entre la République de Guinée et Chalco Guinea Company S.A, qui prévoit le rétablissement de l'équilibre initial du contrat en cas de modification du droit applicable : « *[...] L'État s'engage à prendre les mesures adéquates permettant de rétablir cet équilibre* [...][43] ».

375. De même, la Convention de base conclue entre la République de Guinée et Bel Air Mining S.A, consacre une stipulation analogue, garantissant le rétablissement de l'équilibre contractuel dans l'hypothèse où l'adoption volontaire par l'État d'une nouvelle loi aurait une incidence défavorable, significative et durable sur l'équilibre économique du projet, tel qu'il résultait des conditions en vigueur à la date de signature de la convention initiale[44],

---

43. La Convention de base conclue entre la Guinée et Chalco Guinea Company S.A , *op. cit.*, voir notamment l'article 19.3 sur l'imprévision: « *19.3.1. [s]ans préjudice des dispositions de la présente Convention, dans l'hypothèse où une modification du Droit Applicable aurait une incidence défavorable significative et durable sur l'équilibre économique du Projet tel qu'il découle des conditions en vigueur à la Date Signature, la Société Minière, dans les quarante-cinq (45) Jours à compter de la publication de la modification concernée, notifie à l'État la modification de Droit Applicable et les impacts de celle-ci sur l'équilibre économique du Projet.*
19.3.2. *L'État s'engage à prendre les mesures adéquates permettant de rétablir cet équilibre. Ces mesures seront discutées et mises au point d'un commun accord entre l'État et l'Investisseur.*
Les mesures ainsi convenues par les Parties seront formalisées si besoin par un avenant à la Convention ».

44. La Convention de base conclue entre la République de Guinée et la société Bel Air Mining S.A, Alufer Mining, Alufer Mining Limited, Concession en 2016, *op. cit.,* voir notamment l'article 30.3 : « *[d]ans l'hypothèse où l'État modifierait volontairement le Droit Applicable avec une incidence défavorable significative et durable sur l'équilibre économique du Projet tel qu'il découle des conditions en*

pour ne citer que ceux-ci. Ainsi, dans une logique de pérennité des relations contractuelles, ces mesures de restauration de l'équilibre contractuelles font l'objet de discussions et d'accord entre l'État et l'investisseur avant leur mise en œuvre.

376.C'est dans la force obligatoire du contrat que réside la justification profonde de la possibilité de réviser pour imprévision les contrats[45]. Il est bien possible d'affirmer que la force obligatoire du contrat et la révision pour imprévision sont complémentaires[46]. Les deux n'agissent pas sur le même plan, mais dans la même direction. Dès lors qu'on prend le contrat comme un tout, il n'y a pas de raison d'interdire la révision d'une clause lorsque l'efficacité de celle-ci a été conditionnée par le contrat lui-même. Dans ce sens, l'aménagement conventionnel de l'adaptation contractuelle n'est généralement pas appréhendé comme une atteinte au principe de la force obligatoire du contrat[47].

§ 2. La renégociation comme vecteur de résilience juridique

377. Les mutations socio-économiques et politiques imprévues, en alourdissant de manière significative le coût d'exécution des obligations contractuelles, posent la

---

vigueur à la date de signature de la Convention, l'État s'engage à prendre les mesures adéquates permettant de rétablir cet équilibre. Ces mesures seront discutées et mises au point d'un commun accord entre l'État et la Société. Les mesures ainsi convenues par les Parties seront formalisées par un avenant à la Convention ».

45. Hurges Bouthinon-Dumas, « les contrats relationnels et la théorie de l'imprévision », *Revue internationale de droit économique*, 2001, *op. cit.,* voir p. 364.

46. *Ibid.*, voir p. 365.

47. *Ibid.*

question cruciale de l'adaptabilité du contrat. Cette exigence d'ajustement se heurte cependant à la rigidité inhérente des conventions.

378. Face à cette réalité, la renégociation contractuelle s'affirme progressivement comme un mécanisme essentiel de rééquilibrage des relations contractuelles entre États et investisseurs étranger, notamment dans le secteur extractif. Loin de constituer une menace à la sécurité juridique, elle devient un vecteur de résilience, permettant aux contrats de s'adapter aux circonstances nouvelles sans remettre en cause son économie.

A. Le cadre juridique de la renégociation

379. Les relations contractuelles entre l'État hôte et l'investisseur privé étranger connaissent des évolutions liées au cadre juridique applicable, aux conditions du marché ou aux changements politiques[48]. Ainsi, en Guinée, plusieurs générations de codes miniers se sont succédé au fil du temps. Ces législations sont partagées entre l'attractivité des investissements, la valorisation du secteur, la sécurisation des intérêts économiques de l'État, la participation du secteur privé national ainsi que la participation de l'État[49] aux activités minières.

380. Les contrats extractifs conclus, notamment ceux de la première génération contiennent des clauses de stabilisation figeant la règlementation de l'État pendant une longue période[50]. Ce qui fait coexister des régimes juridiques différents et provoque des difficultés de

---

48. Voir Moustapha FALL, « La renégociation des contrats pétroliers au Sénégal », *Ceracle,* Dakar, le 18 juillet 2024.

49. *Ibid.*

50. *Ibid.*

recouvrement pour l'administration fiscale et des pertes de recettes pour l'État[51].

381. Historiquement, c'est à partir des années 1960 que les clauses de renégociation ont été insérées dans les contrats de concession pétrolière[52] avant d'être transposées dans les contrats miniers.

382.S'agissant des contrats conclus entre les États et les investisseurs miniers, une partie de la doctrine, s'appuyant sur les principes consacrés par les résolutions des Nations Unies relatives au NOEI, soutient que, même en l'absence de stipulation expresse, les parties sont tenues à une obligation de renégociation de bonne foi, en cas de survenance de circonstances nouvelles[53].

---

51. *Ibid.*

52. Par illustration, voir notamment l'article 9 du contrat de concession conclu entre le Kuwait et American Independent Oil Company (AMINOIL) : « *If, as a result of changes in the terms of the concessions now in existence or as a result of the terms of concessions granted thereafter, an increase in benefits to Governments in the Middle East should come generally to be received by them, the Company shall consult with the Ruler whether in the light of all relevant circumstances, including the conditions in which operations are carried out, and taking into account all payments made, any alterations in the terms of the agreements between the Ruler and the Company would be equitable to the parties*»., *I.L.M.* 1982, n° 21, p. 976.

53. V. Klaus P. Berger, Renegotiation and Adaptation of International Investment Contracts, 36 Vanderbilt Law, *Review 1347* (2021), p. 1356, et les références citées à la note 31. Voir aussi *Draft United Nations Code of Conduct of Transnational Corporations* (art. 11 *Review and renegotiation of contracts)*: « *[c]ontracts between Governments and transnational corporations should be negotiated and implemented in good faith. In such contracts, especially long-term ones, review or renegotiation clauses should normally be included. In the absence of such clauses and where there has been a fundamental*

383. Le Code de conduite des Nations Unies pour les entreprises transnationales recommande également aux parties à un contrat de s'engager dans une renégociation, lorsqu'une inégalité manifeste ou des changements imprévus rendent l'exécution du contrat coûteux pour l'une des parties, même en l'absence de clause contractuelle pertinente expresse[54] : « *In the absence of contractual clauses providing for review or renegotiation, transnational corporations should respond positively to requests for review or renegotiation of contracts concluded with Governments or governmental agencies in circumstances marked by duress, or clear inequality between the parties, or where the conditions upon which such a contract was based have fundamentally changed, causing thereby unforeseen major distortions in the relations between the parties and thus rendering the contract unfair or oppressive to either of the parties. Aiming at ensuring fairness to all parties concerned, review or renegotiation in such situations should be undertaken in accordance with applicable legal principles and generally recognized legal practices*[55] ».

384. Il est évident que même en l'absence de clause expresse, l'État hôte ou l'investisseur privé peut demander la renégociation en invoquant une circonstance exceptionnelle ou un cas de force majeure ayant entraîné

---

change of the circumstances on which the contract or agreement was based, transnational corporations, acting in good faith, shall/should co-operate with Governments for the review or renegotiation of such contract or agreement ».

54. *Ibid.*

55. Nations Unies, Code of Conduct on Transnational Corporations, United Nations Centre on Transnational Corporations, New York, 1989.

un déséquilibre de l'économie du contrat[56]. Dans ce cas de figure, les parties peuvent renégocier de bonne foi pour rétablir l'équilibre économique du contrat recherché[57].

385. Il convient à titre informatif, de rappeler que la force majeure est définie dans la convention minière type comme : « *Les évènements suivants peuvent constituer des cas de force majeure : 1. La guerre (non déclarée ou non) insurrection armée, troubles civiles, blocus, émeutes, sabotage, embargo, grèves générales ; 2. Toute catastrophe naturelle, incluant les épidémies, tremblement de terre, tempêtes, inondations, éruptions volcaniques, tsunami ou autres intempéries, explosions et incendies ; 3. Toute autre cause ne relevant pas du contrôle de la Partie impliquée telle que définie dans le présent article, à l'exception des difficultés économiques résultant des fluctuations de marche. [...]*[58]».

386. Au regard des instruments internationaux évoqués, il apparaît clairement que la renégociation du contrat n'est nullement subordonnée à l'insertion d'une clause explicite. Chacune des parties dispose de la faculté de solliciter la renégociation dès lors que l'équilibre contractuel est substantiellement rompu.

387. Les clauses de renégociation peuvent varier d'une simple obligation générale de négocier de « *bonne foi* » à des stipulations plus élaborées fixant avec précision les

---

56. Voir Moustapha FALL, *op. cit.*
57. *Ibid.*
58. Voir la Convention Minière type Guinée, *op. cit.,* voir notamment l'article XX.
59. Voir en ce sens, l'article 1035 de la Loi ordinaire L/2019/035/AN du 04 juillet 2019, portant code civil de la république de Guinée: « *[l]es contrats doivent être négociés, formés et exécutés de bonne foi. Cette disposition est d'ordre public* ».

conditions, délais et modalités de leur mise en œuvre. De toute évidence, une structuration des clauses de renégociation dans les contrats miniers de manière explicite et claire contribue à limiter les risques d'interprétations divergentes et favorise une application plus rigoureuse et prévisible des ajustements nécessaires.

B. La complémentarité entre renégociation et stabilisation contractuelle

388. Si la renégociation peut être analysé comme un mécanisme de conciliation, il faut cependant relever qu'elle soulève, de manière générale, la question de la stabilité des engagements contractuels face à l'évolution de circonstances. En vertu du principe sacro-saint en droit des contrats, qui se traduit par l'adage « *pacta sunt servanda* », qui demeure que : « *les conventions légalement formées tiennent lieu de loi à ceux qui les ont faites* », ainsi, chaque partie demeure tenue d'exécuter, de bonne foi[59], les obligations qu'elle a librement consenties, et ce pendant toute la durée de validité du contrat.

389. Reçu tant par la majorité des ordres juridiques internes que par le droit international, ce principe consacre la force obligatoire du contrat, lequel ne peut être modifié ou écarté unilatéralement, sauf disposition légale ou contractuelle expresse en disposant autrement.

390. Toutefois, la rigidité de cette règle peut, dans certains cas, se heurter à des mutations économiques, politiques ou sociales imprévisibles. L'État, en tant qu'entité souveraine, peut alors être amené à adopter des mesures susceptibles de s'avérer incompatibles avec les engagements contractuels auxquels il a souscrit[60]. Ces

---

60. Kabange N.C-J « La révision par l'État des contrats signés avec les personnes privées: Cas des contrats miniers en Rd Congo », Revue du cridahc, 2010, op. cit., voir p. 2.

mesures, généralement justifiées par la poursuite de l'« *intérêt général* », peuvent prendre diverses formes, telles que des réformes législatives, une dévaluation monétaire ou encore une expropriation pour cause d'utilité publique, entre autres[61].

391. Une telle éventualité justifie l'insertion de mécanismes de renégociation contractuelle, lesquels permettent de concilier la sécurité des engagements avec la nécessaire adaptabilité face aux aléas. En ce sens, la renégociation contribue à renforcer la résilience juridique du contrat et à assurer la pérennité des relations contractuelles.

392. En présence d'une modification substantielle des conditions économiques, l'investisseurs ou l' État hôte se trouve fondé à solliciter la révision/renégociation de la convention minière, afin d'adapter, par exemple, les modalités de répartition de la rente minière ou encore d'ajuster le régime fiscal, douanier ou de change applicable.

393. Bien que potentiellement avantageux pour les parties, le processus de révision/renégociation n'est pas exempt de risques pour l'État hôte. Il peut, lorsque ses modalités et conditions ne sont pas clairement définies : (i) conduire certains investisseurs à réclamer des compensations pour rupture contractuelle, ouvrant ainsi la voie à des contentieux devant les juridictions arbitrales, (ii) susciter un effet de dissuasion à l'égard des investisseurs étrangers, (iii) nourrir une perception d'instabilité contractuelle susceptible d'éloigner de futurs partenaires

61. Voir Boubacar Hassane, « Les contrats miniers: un régime en mutation », Revue Nigérienne de Droit, 2006, op. cit., voir p. 28.

économiques, et enfin (iv) occasionner un préjudice réputationnel pour l'État[62].

394. Toutefois, ces risques pourraient être atténués, voire évités, par la mise en œuvre d'une stratégie globale associant l'ensemble des parties prenantes, de manière à garantir un traitement équitable et transparent[63]. L'insertion, à titre préventif, de mécanismes de révision/renégociation clairs et précis dans les conventions minières conclues avec les investisseurs, constitue également un garde-fou efficace contre le risque de contentieux devant les juridictions arbitrales.

§3. La fiscalité évolutive et stabilité des relations contractuelles

395. Le secteur secondaire en Guinée repose largement sur l'exploitation des ressources minières, fortement exposées aux fluctuations des cours mondiaux. C'est surtout en cas de hausse significative du prix des matières premières que les équilibres contractuels se trouvent profondément remis en cause. Dans une telle hypothèse, l'application d'un régime de fiscalité évolutive apparaît comme un mécanisme de réajustement nécessaire, permettant à l'État de capter une part accrue des bénéfices exceptionnels générés, tout en préservant la stabilité fiscale de base. Ce mécanisme souvent appelées « *profit-sharing mechanisms»,* ou mécanisme de partage des profits, apparaît comme une autre voie de réconciliation des intérêts en présence.

---

62. Makane Moïse Mbengue et Damien Charlotin sur : « Renégociation des contrats pétroliers et miniers : défis et risques pour le nouveau régime, Économie, Sénégal », *PressAfrik*, 27 novembre 2024, Economie, Sénégal.
63. *Ibid.*

396. Ainsi, une fiscalité de base est fixée de manière stable, mais peut être complétée, lorsque les bénéfices excèdent certains seuils qui pourrait être défini de commun accord par les parties, en fonction de la spécificité du projet.

397. Ce système d'ajustement progressif, souvent inspiré des modèles de royalties variables, permet de répartir plus équitablement les richesses en période de forte rentabilité, sans décourager l'investissement initial.

398. Il est également possible de prévoir un « *fonds souverain ou de développement* », alimenté en fonction des excédents générés par les projets miniers, pour garantir un ancrage durable des retombées économiques au niveau national et local. De tels mécanismes participent à une justice fiscale dynamique, dans laquelle la contribution de l'investisseur devient proportionnelle à la valeur réelle extraite, en tenant compte des évolutions du marché, des volumes produits et des coûts de production.

399. Cela implique pour l'État, la mise en place ou le renforcement des mécanismes de contrôle et de « *reporting* » non seulement de la chaîne de la production des minerais extraits, mais également la maîtrise de leurs coûts mondiaux y compris les variations.

Conclusion

400.L'analyse du régime juridique de protection applicable aux investissements miniers en Guinée met en lumière la complexité d'un équilibre à établir entre deux impératifs fondamentaux du droit international économique, notamment celles de la sécurisation des investissements miniers et la préservation de la souveraineté normative de l'État hôte. Dans un contexte où les ressources naturelles constituent des biens publics, inaliénables de l'État, la reconnaissance de sa compétence exclusive pour définir et adapter les règles encadrant leur exploitation ne saurait dès lors être remise en cause.

401. La spécificité des investissements miniers, par leur envergure, leur durée souvent longue et des risques associés, exige un cadre juridique garantissant sécurité suffisante pour susciter la confiance des investisseurs. Les clauses de stabilisation répondent à cette exigence en assurant une prévisibilité de la règle de droit applicable et en régulant les tensions entre sécurité contractuelle et dynamismes normatif.

402. Le véritable défi réside non pas dans une rigidité juridique excessive de protection des investissements extractifs, mais dans l'édification d'un cadre normatif intelligent, capable d'évoluer sans trahir les attentes légitimes des parties contractantes.

403. Une réforme axée sur l'intégration, dans la législation minière, transposée dans la convention minière type, de clauses dites de stabilisation évolutive et modulée, incluant notamment des clauses de fiscalité évolutive. Celles-ci devraient prévoir des mécanismes prédéfinis de révision/renégociation des clauses spécifiques du contrat en cas de changement législatif et réglementaire majeur affectant l'équilibre initial du contrat. Une telle approche permettrait de concilier la poursuite d'objectif général avec la protection de la légitime attente des investisseurs, renforçant ainsi la prévisibilité et la durabilité du cadre juridique minier. .

404.L'évolution des instruments juridiques internationaux, tels que les principes directeurs de l'OCDE, les principes de l'Unidroit ou les standards Environnement, Social, Gouvernance (ESG) ainsi que les recommandations de la CNUCED, pourrait également inspirer de nouveaux mécanismes contractuels.

405. Ces dernières intégreraient, dès la négociation, une flexibilité juridique encadrée, de sorte que la stabilité ne soit plus perçue comme une rigidité, mais un équilibre dynamique au service de la sécurité juridique des investisseurs et des impératifs de développement durable des États. Cette approche ouvrirait la voie à des clauses contractuelles plus « *intelligente* », conciliant protection juridique des accords et adaptabilité normative.

Bibliographie

1. Ouvrages, manuels, monographies

BERGER Klaus P., « *Private Dispute Resolution In International Business: Negotiation, Mediation, Arbitration»*, Dvdr Edition, *Aspen Publishers*, April 7, 2006, 872 pages.

BRABANT Stéphane, MONTEMBAUL Bertrand, « The Mining Law in Guinea », dans The Mining Law Review, 8e éd., Londres, *Law Business Research Ltd,* 2018, 267 pages

Eduardo Jiménez de Aréchaga Sienra, « *International Law in the Past Third of a Century* », *Recueil des Cours de l'Académie de Droit International (RCADI*), Sijthoff et Noordhoff, 1979, 343 pages.

Jeantet et AARPI (avec les contributions du Dr Victoria Nalule), *Manuel sur le droit minier – Niveau 2*, *African Legal Support Facility*, Novembre 2020, 200 pages.

Jean SALMON, (dir.), «*Dictionnaire de droit international public*», Bruxelles, *Bruylant*, 2001, 1200 pages.

Joe VERHOEVEN, «*Droit international public*», Collection Précis de la Faculté de droit de l'Université catholique de Louvain, Bruxelles, Larcier, mars 2000, 856 p.

LAURIOL Thierry, RAYNAULD Émilie, «*Le droit pétrolier et minier en Afrique*», préface d'Yves Nouvel, Paris, *LGDJ, collection Droits africains*, 20 décembre 2016, 588 pages.

Patrick DAILLIER, Mathias FORTEAU, Alain PELLET, « *Droit international public*», 8e édition, Paris, Collection traité, *LGDJ*, 2009, 1708 pages.

Prosper Weil, « *Écrits de droit international, Théorie générale du droit international, Droit des espaces, Droit des investissements privés internationaux* », P.U.F, 2000, 432 pages.

René Jean DUPUY, «*Dialectiques du droit international : souveraineté des États, communauté internationale et droit de l'Humanité*», Paris, A. Pedone, 1999, 374 pages

SCHRIJVER Nico, «*Sovereignty over Natural Resources – Balancing Rights and Duties*», Cambridge, *Cambridge University Press*, 24 juil. October 1997, 442 pages.

2. Articles et contributions scientifiques

Abdullah. AL FARUQUE, « Abdul Al Faruque Validity and Efficacy of stabilization clauses», *Journal of international arbitration*, 2006 vol.23, Issue 4, p. 326.

Adam Mokrani, *«* La clause de stabilisation dans les contrats pétroliers *», Mediterranean Journal of Legal Research*, p. 9.

Alice Brogi « La théorie de l'imprévision dans les contrats internationaux », *Blog de l'Université Paris 10*, mai 2007, p. 10.

AGIP SpA. c. République de Congo (ARB/77/1), sentence du 30 novembre 1970, *Rev. crit.*, DIP, 1982, pp. 92-123.

BERDAI Ayoub, « Les clauses de stabilisation dans les contrats d'investissement internationaux », *Lettre d'Artémis*, 3e trimestre 2019, p. 44.

CAHIN Gérard, « La clause de couverture (dite umbrella clause) », *Revue Générale de Droit International Public (RGDIP)*, Tome 119, no 1, 2015, pp. 103-104.

DAVID Nicolas, « Les clauses de stabilité dans les contrats pétroliers. Questions d'un praticien », *Journal du droit international (Clunet)*, n°1, 1986, p. 80.

FALL Aboubacar, « Le sort de la clause de stabilisation dans les contrats d'investissement miniers au Sénégal », *UIA - Juriste International*, 2021. (Consulté en ligne sur : *issuu.com*, le 29 juillet 2025).

FALL Aboubacar, « Gouvernance des industries extractives : quelques nouveaux développements », *magazine Business News Africa*, fév. Mars 2020.

FALL Moustapha « La renégociation des contrats pétroliers au Sénégal », *Ceracle,* Dakar, le 18 juillet 2024. (Consulté en ligne sur : *ceracle.com*, le 29 juillet 2025).

F.A. MANN, I. SEIGLHOHENVELDERN, P. LALIVE, G. HECKE, « Contrats entre États et personnes privées étrangères », *RBDI.*, 1975. 2- pp. 562-594.

HOWSE, Robert, « Le gel de la politique gouvernementale : les clauses de stabilisation dans les contrats d'investissement », *Investment Treaty News*, n° 3, vol. 1, avril 2011. p. 3.

Hengelela, J. C., & Ekila, N. D. (2020). « Les implications du principe de la souveraineté permanente de l'État sur les ressources naturelles sous l'empire de la Constitution du 18 février 2006 en République Démocratique du Congo », *Recht in Afrika—Law in Africa—Droit en Afrique*, Septembre 2023, 80-102.

Hurgues. Bouthinon-Dumas, « les contrats relationnels et la théorie de l'imprévision », *Revue internationale de droit économique,* 2001/3, pp. 340-365.

Julien CAZALA, « La protection des attentes légitimes de l'investisseur dans l'arbitrage international », *Revue internationale de droit économique*, 2009, pp. 5-32.

KABANGE, N.C.-J. « Législation minière en Afrique : continuation ou adaptation ? Regard sur le Code minier congolais », *Revue de Droit Africain*, n° 82, 2017, pp. 87-111.

KABANGE, N.C.-J., « La révision par l'État des contrats signés avec les personnes privées : cas des contrats miniers en RD Congo », *Revue du CRIDAHC*, 2010, pp. 12-26.

KABANGE, N.C.-J, in « la clause de stabilisation dans le code minier révisé : portée d'une délimitation pro rata temporis sous les articles *276 et 342 », LegalRDC,* janvier 11, 2021, pp. 1-4.

KISALYA SAMUEL: « la souveraineté permanente sur les ressources naturelles : un domaine réserve de l'État ? *», International Multilingual Journal of Science and Technology (IMJST),* Vol. 8 Issue 3, March 2023, pp. 5933-5943

Klaus Peter BERGER, « Renegotiation and Adaptation of International Investment Contracts », *Vanderbilt Law Review*, vol. 36, 2021, p. 1347.

LONCLE, J.-M., PHILIBERT-PROLLEZ, D., « Les clauses de stabilisation dans les contrats d'investissement », *Revue du Droit des Affaires Internationales (RDAI)*, n° 3, 2009, p. 279.

Pierre MAYER, « La neutralisation du pouvoir normatif de l'État en matière de contrats d'État », *Journal du droit international*, n°1, 1986, p. 11-35.

MONTEMBAULT, B., « La stabilisation des contrats d'État à travers l'exemple des contrats pétroliers – Le retour des dieux sur l'Olympe », *Revue du Droit des Affaires Internationales (RDAI),* n° 6, 2003, p. 599.

POTESTA, Michele, «Legitimate Expectations in Investment Treaty Law: Understanding the Roots and the Limits of a Controversial Concept », *ICSID Review, Foreign Investment Law Journal*, vol. 28, 27 Février 2013, pp. 88–122.

Prosper WEIL « Les clauses de stabilisation ou d'intangibilité insérées dans les accords de développement économique », *in Mélanges Charles Rousseau*, Paris, Pedone, 1974, p. 307-326.

Sangwani Patrick NGAMBI, « Les clauses de stabilisation et leurs conséquences sur les droits humains et l'égalité des sexes », *Investment Treaty News*, 24 juin 2021,

TITI, Catharine, « Les clauses de stabilisation dans les contrats d'investissement : une entrave au pouvoir normatif de l'État d'accueil ? », *Journal du Droit International, n° 2*, 2014, pp. 549-559.

VERHOEVEN, Jean, « Contrats entre États et ressortissants d'autres États », in Le contrat économique international, stabilité et évolution, *Travaux des VIIe Journées d'études juridiques Jean Dabin, Louvain-la-Neuve*, novembre 1973.

NG'AMBI, Sangwani P. « Permanent Sovereignty Over Natural Resources and the Sanctity of Contracts, From the Angle of Lucrum Cessans », *Loy. U. Chi Int'l L. Rev.*, vol. 12, 2015, pp. 153-163.

DELOITTE, « La reconnaissance et l'efficacité des clauses de stabilisation dans les contrats miniers », *Revue juridique et fiscale d'Afrique Francophone,* n°3, mars 2015, pp. 2-3.

3. Thèses

AIMAN, Zhekeyeva, *La souveraineté et la réalisation de la responsabilité internationale des États en droit international public*, thèse, Université Paris-Est, 2009. ⟨NNT : 2009PEST2002⟩.

EL KAILANI-CHARIAT, Ebtissam, *La stabilisation des contrats pétroliers, thèse, Université Panthéon-Sorbonne (*Paris I), 2017, NNT : 2017PA01D058.

EL SABAHY, Christelle, « *Clauses de stabilisation et d'intangibilité dans les contrats d'État entre les États du Moyen-Orient et les compagnies pétrolières – et jurisprudences de l'OMC* », mémoire de double diplôme, Sciences Po Lyon / EM Lyon, 2013.

HADJ CHERIF, Hamza, *Le droit de souveraineté permanente sur les ressources naturelles dans les territoires occupés et les territoires non autonomes*, thèse, Université de Bordeaux, 2018, NNT : 2018BORD0217.

KOKOKOKO, Guillain Alphonse Cirhuza, *De la souveraineté permanente de la R.D.C sur ses richesses et ses ressources naturelles : examen de l'article 9 de la Constitution du 18/02/2006*, mémoire de licence, Université catholique de Bukavu, 2006.

NGOUNKOU, Euloge Anicet, *La stabilisation des investissements pétroliers et miniers transnationaux des contrats*, thèse, Université Laval, Québec, 2012.

OUEDRAOGO, Éric, *Droits et obligations de l'exploitant industriel des mines burkinabè : la recherche d'un équilibre*, mémoire de master II, Univ. Ouaga II, 2014-2015.

SAKAI, Leticia, *La souveraineté permanente sur les ressources naturelles et la protection internationale des droits de l'Homme*, thèse, Université Panthéon-Sorbonne – Paris I et Université de São Paulo, 2014.

1. **Instruments internationaux :**

Convention entre le gouvernement des Émirats Arabes Unis et le gouvernement de la République de Guinée sur la protection et la promotion de l'investissement conclue le 18 Aout 2011.

Convention de Vienne sur le droit des traités, 23 mai 1969.

Convention de Vienne sur la succession d'États en matière de traités, 23 août 1978.

Déclaration de Stockholm sur l'environnement humain, 16 juin 1972.

Principe d'UNIDROIT relatifs aux contrats du commerce international, 2016.

Résolution OPEP XVI.90, adoptée le 24 juin 1968 – *Déclaratory Statement of Petroleum Policy in Member Countries.*

Traité bilatéral d'investissement conclu entre les États-Unis et l'Argentine, signé le 12 novembre 1991.

2. Résolutions des Nations Unies

NATIONS UNIES, *Assemblée générale,* Résolution 626 (VII), *« Droit d'exploiter librement les richesses et les ressources naturelles »,* 21 décembre 1952.

NATIONS UNIES, Assemblée générale, *Résolution 1314 (XIII), « Recommandations concernant le respect, sur le plan international, du droit des peuples et des nations à disposer d'eux-mêmes »*, 12 décembre 1958.

NATIONS UNIES, Assemblée générale, *Résolution 1514 (XV), « Déclaration sur l'octroi de l'indépendance aux pays et aux peuples coloniaux »*, 14 décembre 1960.

NATIONS UNIES, Assemblée générale, *Résolution 1803 (XVII), « Souveraineté permanente sur les ressources naturelles »*, 14 décembre 1962.

NATIONS UNIES, Assemblée générale, Résolution 2200 A (XXI), « *Pacte International relatif aux droits économiques, sociaux et culturels, et Pacte international relatif aux droits civils et politiques et Protocole facultatif se rapportant au Pacte international relatif aux droits civils et politiques* », 19 décembre 1966.

NATIONS UNIES, Assemblée générale, *Résolution 3281 (XXIX), « Charte des droits et devoirs économiques des États »*, 12 décembre 1974.

NATIONS UNIES, « Déclaration de Stockholm sur l'environnement », Stockholm, 16 juin 1972.

NATIONS UNIES, « Code of Conduct on Transnational Corporations », United Nations Centre on Transnational Corporations, New York, 1989.

3. Les textes de l'Union Africaine

Charte africaine des droits de l'homme et des peuples, Nairobi, 27 juin 1981.

Union Africaine, « *Vision du Régime Minier de l'Afrique* », Février 2009.

4. Instruments juridiques communautaires et nationales

A. Textes régionaux et communautaires:

Textes CEDEAO :

Acte additionnel A/SA.3/01/10 portant amendement de l'article 9 nouveau du Traité de la CEDEAO tel qu'amendé par le protocole additionnel A/SP.1/06/06.

Acte additionnel A/SA.18/02/12 portant adoption de la politique de développement des ressources minérales de la CEDEAO (PDRMC).

Directive minière de la CEDEAO C/DIR 3/05/09 du 27 mai 2009 sur l'harmonisation des principes directeurs et des politiques dans le secteur minier.

Texte de l'UEMOA :

Règlement N°02/2023/CM/UEMOA du 16 juin 2023, portant adoption du code minier communautaire qui abroge et remplace toutes dispositions antérieures contraires, notamment le Règlement N°18/2003/CM/UEMOA du 23 décembre 2003 portant adoption du code minier communautaire

Règlement N°18/2003/CM/UEMOA du 23 décembre 2003 portant adoption du nouveau Code minier communautaire de l'UEMOA

B. Législations nationales :

Guinée :

Arrêté n°2018/7358/MT/SGG du 15 octobre 2018, pris en application du décret N°D/174/PRG.

Constitution du 14 mai 1984.

Décret D/1.74/PRG/CNDD/SGG/2010 du 29 juillet 2010, portant création de l'Office Guinéen des Chargeurs (OGC).

Décret D/2014/015/PRG/SGG portant adoption d'un modèle de convention minière type

Décret D/068/PRG/CNDD/PRG/SGG du 7 mai 2010 portant promulgation de la constitution Guinée

Décret D/2020/073/PRG/SGG du 06 avril 2020 portant promulgation de la constitution guinéenne

Décret D/1.74/PRG/CNDD/SGG/2010 du 29 juillet 2010, portant création de l'Office Guinéen des Chargeurs (OGC).

Loi n°4/AN/58 du 10 novembre 1958 adoptant la Constitution de la République de Guinée

Loi ordinaire L/2019/035/AN du 04 juillet 2019, portant code civil de la république de Guinée

Loi fondamentale du 23 décembre 1990 révisée le 11 novembre 2001.

Loi n°L/95/036/CTRN/ du 30 juin 1995, portant code minier de la République.

Loi n°L/2011/006/CNT du 9 septembre 2011 portant Code minier de la République de Guinée.

Loi L/2013/053/CNT, portant modification de certaines dispositions du code minier de 2011.

Loi L/2014/N°034/AN portant Code pétrolier guinéen.

Ordonnance n°004/2021/PRG/CNRD/SGG du 27 septembre 2021 portant charte de la transition

Ordonnance n°076/PRG/86 du 21 mars 1986, portant code minier de la République

Ordonnance n°001/PRG/87 du 3 janvier 1987, code des investissements.

Sénégal :

Loi n° 2016-32 du 8 novembre 2016 portant Code minier du Sénégal.

Burkina Faso :

Loi n° 036-2015/CNT portant Code minier du Burkina Faso.

Bénin :

Loi n° 2006-17 du 17 octobre 2006 portant code minier et fiscalité minière en République du Bénin.

5. Jurisprudence internationale, communautaire et nationale

Arbitrages et affaires internationales :

Affaire Texaco-Calasiatic c. Libye, sentence du 19 janvier 1977, *Journal du Droit International*, 1978, pp. 350–389.

Affaire Aminoil c. Koweït, sentence du 24 mars 1982, Journal du Droit International, 1982, p. 104.

CIJ, Affaire Anglo-Iranian Oil Company (RU c. Iran), arrêt du 22 juillet 1952 ;

Decisions available at:

https://www.worldcourts.com/icj/eng/decisions/1952.07.22_oilco.htm.

El Paso Energy International Company v. Argentine Republic, ICSID Case No. ARB/03/15.

Decisions and award available at *https://www.italaw.com/cases/288.*

CMS Gas Transmission Co. v. Republic of Argentina, ICSID Case No. ARB/01/8;

Decisions and award available at: *https://www.italaw.com/cases/288* .

Noble Ventures, Inc. v. Romania, ICSID Case No. ARB/01/11;

Available at: *https://jusmundi.com/en/document/decision/en-noble-ventures-inc-v-romania-award-wednesday-12th-october-2005.*

Décisions de justice communautaire et nationale

Social and Economic Rights Action Center (SERAC) and Center for Economic and Social Rights (CESR) v. Nigeria, Comm. 155/96 (ACHPR, 27 Oct. 2001).

Tribunal de Commerce de Conakry, *Conseil Guinéen des Chargeurs c. Compagnie des Bauxites de Guinée S.A,* jugement du 27 avril 2023.

Tribunal régional hors classe de Dakar, jugement n° 542, 23 avril 2013, Société Sénégalaise des Phosphates de Thiès (SSPT) c. Direction Générale des Impôts et Domaines.

1. Rapports et documents institutionnels

Charte des ressources naturelles, 2e éd., New York, Institut pour la gouvernance des ressources naturelles, 2014.

Guinée, *Projet de révision de la législation minière*, Rapport final, juillet 2012, 80 pages.

Guinée, Plan National de Développement Économique et Social (PNDES) 2016-2020, vol.1, 23 février 2017, 156 pages.

ITIE-Guinée, *Rapport ITIE-Guinée 2022*, 434 pages.

IMF, *Fiscal Regimes for Extractive Industries: Design and Implementation*, Fiscal Affairs Department, Washington D.C., 2012.

NATIONS UNIES, *Principes pour des contrats responsables*, New York et Genève, 2015.

OCDE (2019), Principes directeurs pour des contrats extractifs durables.

Principes directeurs de l'OCDE à l'intention des entreprises multinationales, 2011.

RUGGIE, John, « *Stabilization Clauses and Human Right* », Société financière internationale, mai 2008.

Rapport de RUGGIE, (J): «Stabilization Clauses and Human Rights», March 11, 2008.

RUGGIE (J), *Les entreprises et les droits de l'homme : vers une traduction opérationnelle du cadre* « Protéger, respecter et réparer », 22 avril 2009, 30 pages.

Rapport RUGGIE (J) sur: «Stabilization Clauses and Human Rights», March 11, 2008.

2. Conventions minières

Guinée :

La Convention de base conclu entre la République de Guinée et Guinea Alumina Corporation S.A le 15 octobre 2004, ratifiée par l'Assemblée nationale de la Guinée à travers la loi L/2005/015/AN du 04 juillet 2005, modifiée par deux avenants signés respectivement les 16 mai 2005 et 24 novembre 2013.

La Convention de base entre la République de Guinée et Harvey aluminium Co, of Delaware, 1er octobre 1963.

La Convention de base pour l'exploitation des gisements de bauxite entre la République de Guinée et Bel Air Mining entre la République de Guinée et Bel Air mining S.A., 1er février 2016.

La Convention de base relative à l'exploitation des gisements de bauxite de Boké, conclue entre la République de Guinée, Dynamic Mining SARLU et International Gulf FZC, avril 2018.

La Convention de base entre Chalco Guinea Company S.A, filiale du groupe Chinalco et la République de Guinée, pour la réalisation d'un projet intégré de bauxite-Alumine, 8 juin 2018.

Sénégal :

La Convention minière entre le gouvernement de la République du Sénégal et la Société Sénégalaise des Phosphates de Thiès (S.S.P.T.) pour les argiles industrielles de type attapulgite et les substances connexes, 26 mai 1998.

3. Articles de presse

Guinée, Recettes minières : « le CNT relève 790 milliards GNF de manque à gagner du aux exonérations fiscales et douanière », *Emergencegn,* (en ligne), 28 décembre 2023.

Disponible sur : *https://emergencegn*

Guinée, « La Guinée 1er exportateur mondiale de bauxite avec 140 millions de tonnes exportées en 2024 », *Ecofinance*, (en ligne), 30 janvier 2025.

Disponible sur : *https://www.ecofinanceguinee.com.*

Maître Hamidou Dramé, « *la régulation des activités minières à l'ère de la transition politique en Guinée* », *Mosaïque guinée*, (en ligne), 09 octobre 2021.

Disponible sur : *https://mosaiqueguinee.com.*

Sébastien GUICHARD, Samuel JOSSO, « la clause de stabilité dans le secteur minier : enjeux et perspectives », *Mining and Business n°1*, (en ligne) juillet – août 2015.

Disponible sur : miningandbusiness.com.

EGA, « EGA confirme que la République de Guinée a déclaré sans justification valable la résiliation de la Convention de Base de sa filiale GAC », *GAC Guinea* (en ligne), 9 juillet 2025.

Disponible sur : https://www.gacguinee.com.

EGA, « EGA condamne le retrait du titre minier de GAC par la République de Guinée », *GAC Guinea* (en ligne), 5 août 2025.

Disponible sur : https://www.gacguinee.com.

Makane Moïse Mbengue, et Damien Charlotin, sur « Renégociation des contrats pétroliers et miniers : défis et risques pour le nouveau régime, Économie, Sénégal », *PressAfrik*, 27 novembre 2024, Economie, Sénégal.

Disponible sur : https://netcomsn.com/senegal.

Index Alphabétique

Les chiffres renvoient aux numéros de paragraphe.

D

E

F

G

H

I

S

T

U

V

Table des matières

Structures éditoriales du groupe L'Harmattan

L'Harmattan Italie
Via degli Artisti, 15
10124 Torino
harmattan.italia@gmail.com

L'Harmattan Hongrie
Kossuth l. u. 14-16.
1053 Budapest
harmattan@harmattan.hu

L'Harmattan Sénégal
10 VDN SICAP AMITIE 3
BP 45034 Dakar-Fann
direction@senharmattan.com

L'Harmattan Cameroun
Tsinga/Derrière polyclinique FECAFOOT
BP 11486 Yaoundé
Jacques.koukam@harmattan.fr

L'Harmattan Burkina Faso
Villa 281, secteur 23 623, rue 14.32
Ouagadougou
zagbie@outlook.fr

L'Harmattan Guinée
Almamya, rue KA 028 OKB Agency
BP 3470 Conakry
harmattanguinee@yahoo.fr

L'Harmattan RDC
185, avenue Nyangwe
Commune de Lingwala - Kinshasa
matangilamusadila@yahoo.fr

L'Harmattan Congo
219, avenue Nelson Mandela
BP 2874 Brazzaville
deunovmikhael@gmail.com

L'Harmattan Mali
Immeuble Mgr Jean Marie Cissé
Aci Hamadallaye
BP 145 Bamako
syllaka@yahoo.fr

L'Harmattan Togo
Djidjole - Maison Amela
face EPP BATOME
02 BP 20680 Lomé
didieramela11@gmail.com

L'Harmattan Côte d'Ivoire
Résidence Karl - Cité des Arts
Abidjan-Cocody
03 BP 1588 Abidjan
harmattan.ivoire@gmail.com

L'Harmattan Bénin
Rue 604, (Immeuble à l'entrée
de la rue UCAO- Cite de Saint-Jean)
Cotonou
stepcorpus@gmail.com

Nos librairies en France

Librairie internationale
16, rue des Écoles
75005 Paris
librairie.internationale@harmattan.fr
01 40 46 79 11
www.librairieharmattan.com

Librairie des savoirs
21, rue des Écoles
75005 Paris
librairie.sh@harmattan.fr
01 46 34 13 71
www.librairieharmattansh.com

www.ingramcontent.com/pod-product-compliance
Lightning Source LLC
LaVergne TN
LVHW021212061026
849535LV00008B/2700